ENERGÍA

TU PODER

Gaby Vargas

ENERGÍA
TU PODER

Descúbrela · Transfórmala · Utilízala

AGUILAR

El papel utilizado para la impresión de este libro ha sido fabricado a partir de madera
procedente de bosques y plantaciones gestionadas con los más altos estándares ambientales,
garantizando una explotación de los recursos sostenible con el medio ambiente y beneficiosa para las personas.

Energía: Tu poder
Descúbrela, transfórmala, utilízala

Primera edición: abril, 2019
Primera reimpresión: julio, 2019
Segunda reimpresión: octubre, 2019
Tercera reimpresión: febrero, 2021
Cuarta reimpresión: septiembre, 2021

D. R. © 2019, Gaby Vargas

D. R. © 2021, derechos de edición mundiales en lengua castellana:
Penguin Random House Grupo Editorial, S. A. de C. V.
Blvd. Miguel de Cervantes Saavedra núm. 301, 1er piso,
colonia Granada, alcaldía Miguel Hidalgo, C. P. 11520,
Ciudad de México

penguinlibros.com

D. R. © diseño e imagen de portada: Penguin Random House / Amalia Ángeles
D. R. © fotografía de la autora: Leonardo Pérez Manzo

ISBN: 978-607-317-631-6

Impreso en México – *Printed in Mexico*

A Pablo: tu energía convierte al mundo en un mejor lugar,
y a mí, en una mejor persona.

"Si quieres encontrar los secretos del universo,
piensa en términos de energía, frecuencia y vibración."
Nikola Tesla

ÍNDICE

AGRADECIMIENTOS

"Gracias a la vida", cada vez que escucho esta canción de Violeta Parra en la voz de Mercedes Sosa resueno con el canto y no puedo más que doblegarme y agradecer desde lo profundo, a Dios por la vida; a mis padres, a Pablo mi esposo y gran compañero de vida, a mis hijos, nietos y yernos, a mi familia, a mis amigos y a mis maestros: por ellos ha crecido mi pasión por aprender, investigar y compartir.

También mi gratitud a la editorial Aguilar de Penguin Random House, que ha hecho posible que tengas este libro en las manos. A mi casa editora le agradezco en especial su apoyo incondicional. Y, por supuesto, muchas gracias a David García Escamilla, mi editor; a Andrea Salcedo, por confiar en mí y por alentarme a la escritura de este volumen. También agradezco de corazón a César Ramos, por su gran cariño, entrega y talento para dar limpieza, orden y forma al libro. Soy muy afortunada de haber trabajado con este gran equipo durante largo tiempo.

Gracias a Sara Schulz, quien al igual, desde hace años, le da el toque mágico a todos los textos que publico.

Gracias también a ti, querido lector, porque tu búsqueda y generosidad conmigo me inspiraron a escribirlo.

Introducción

DE EXPERIENCIAS EXTREMAS

"Cuando comprendemos de verdad el concepto de que el amor es una energía que lo abarca todo y que su impulso curativo puede transformar con rapidez nuestros cuerpos, mentes y almas, superamos nuestros dolores y males crónicos."

BRIAN WEISS

———

Me he aventado en paracaídas a 15 mil metros de altura; he corrido hacia el precipicio en un aladelta amarrada de un arnés; he planeado en parapente; buceado con tiburones de noche... pero nada se compara con lo que sentí aquella ocasión.

Es la experiencia más fuerte de mi vida. Un parteaguas que abrió mi conciencia de tajo y sin miramientos. Puedo afirmar que esa vivencia me transformó. Mi camino de búsqueda interior tiene un antes y un después de ella.

Nunca la había narrado, en principio por pudor, porque es algo muy íntimo y profundo, pero también por temor a promover una práctica que, si no está bien guiada —como fue mi caso—, puede ser riesgosa. Ahora siento que es el momento de decirlo, pues fue entonces que comprendí a fondo lo que en realidad es y significa la "energía", tema que se volvió mi pasión y me motivó a investigarlo durante tres años.

"Yo vi a Dios", me comentó Andrea, mi hermana, cuando volvió de Nueva York, donde acudió a un lugar especial y fue guiada como debe ser. Por eso, cuando me enteré de que en el congreso de Eneagrama, sistema encaminado al autoconocimiento, que se llevaría a cabo en Fort Lauderdale, Florida, habría oportunidad de experimentar la respiración holotrópica, me apunté de inmediato.

No sabía que en lugar de ser una experiencia de tres horas, para llevarla a cabo como se debe, con un terapeuta certificado y un acompañante por persona, tomaría sólo la mitad del tiempo recomendado, con únicamente dos guías que, aunque certificadas, vigilaban a 25 participantes, lo cual les impedía tener el cuidado adecuado. Ahora comprendo lo importante que es no tener prisa alguna para que el proceso resulte completamente benéfico. En fin, yo quería ver a Dios, así que me lancé. Jamás imaginé lo que viviría.

Nos reunimos en uno de los salones del hotel donde el congreso tuvo lugar. Éramos 25 personas de pie con una toalla en la mano —como lo habían solicitado—, las que formamos un círculo para recibir indicaciones de la instructora y su acompañante. Las descripciones sobre lo que sentiríamos sonaban al mismo tiempo atractivas y aterradoras. "Hay quienes ven figuras de colores, su nacimiento o vidas pasadas", "sentirán que las manos se les duermen, se les pueden torcer de manera involuntaria y presentar movimientos automáticos en el cuerpo; si tienen ganas de gritar, griten; hagan lo que sientan, estarán protegidos y bien cuidados, lo importante es que confíen".

"Que confíen", esas fueron las últimas palabras que se grabaron en mi mente antes de cerrar los ojos. Nos acostamos sobre la toalla, cuidando que al abrir los brazos no chocáramos con nadie a nuestro alrededor. "Pónganse cómodos, relájense como si estuvieran en savasana —la postura del muerto en yoga—. Inhalen profundamente, exhalen, comenzamos."

La luz del salón se apagó y una fuerte música de tambores sonó en la oscuridad. Decidí rendirme a la experiencia y vivirla a fondo. Respiré lo más profundo y rápido que pude. Sentí que la cabeza me hormigueaba como cuando se te duerme un pie. Los dedos de la mano se engarrotaron, los brazos se contrajeron poco a poco y así inició mi viaje. A pesar de lo extraño de las sensaciones, no tuve temor.

Un túnel oscuro me llevó a ver escenas de mi infancia con mi papá. Lloré y me arrepentí de no haberlo gozado, acariciado, conocido más, antes de su muerte, a pesar de que fui apegada a él.

Seguí el viaje por el vórtice y dejé atrás a mi papá. Salí volando al espacio —al menos esa era mi sensación—, lo cual resultaba muy placentero y liberador; pero la experiencia se hacía cada vez más profunda y encontré en mí una resistencia a seguir. Me di cuenta de que mi cuerpo se arqueaba, como jalado por unas cuerdas a la altura del pecho. "¿Qué onda?" me decía en ese hilo de conciencia que siempre permaneció, pero continué inhalando y exhalando, lo cual causaba la hiperventilación.

Entonces, dentro de mí, dentro de ese mundo tan real, escuché una voz llena de bondad que me decía: "Dame la mano, yo te llevo, confía en mí." Alcancé esa mano y sentí una gran tranquilidad. Seguimos avanzando. Respiré más hondo, más profundo, más rápido, más fuerte, hasta que, intempestivamente, la electricidad en el cerebro fue tan fuerte como la de un orgasmo tzzz, tzzz, tzzz; mi cuerpo se convulsionó hasta que salí volando a otro cielo: pasé a otro nivel. El gozo era indescriptible, absoluto y la libertad total, comencé a reír y a disfrutar el momento.

"Confía", escuché que pronunciaba de nuevo la voz. Mi resto de conciencia me hacía respirar fuerte y rápido, sin detenerme. "¿A dónde vamos?" preguntaba, resistiéndome a lo desconocido, pero mi decisión de ver a Dios me motivaba a seguir. Llegué a un nivel más alto. Otro reto comenzaba. Oscuridad de nuevo, doblé las rodillas y el movimiento involuntario se desplazó a la cadera, que se movía arriba y abajo sin cesar.

"Qué rara te estarás viendo", me decía. Avanzaba, resistía, avanzaba, resistía, por ese interminable espacio cuando, de repente, llegó otra descarga eléctrica muy fuerte, localizada principalmente en la frente, tzzz, tzzz, tzzz, de nuevo como un orgasmo. Entré, una vez más, a un nivel superior. A lo lejos, en ese espacio oscuro vi una luz blanca muy intensa como un diamante que giraba.

¡Es la luz de Dios, ya llegué!, pensé emocionada, pero mi guía insistía: "Confía, el camino sigue, vamos." Sentía resistencia y curiosidad. Continué por el túnel oscuro, el movimiento de mi cuerpo se fue a la cabeza, que comenzó a moverse con fuerza y velocidad: izquierda, derecha, en círculos. El viaje continuó de la mano de mi guía por un túnel ahora no oscuro sino dorado.

"Respira, confía, sígueme; inhala, exhala", decía la voz. De forma inesperada sentí otra descarga eléctrica en todo el cuerpo, como si me hubiera caído un rayo. "Nunca había experimentado esto", me dije. El tiempo se convirtió en eternidad. Me contraje, subí los brazos como si alguien me lo hubiera pedido y lo tratara de alcanzar. Quiero llegar, quiero llegar, lloré de felicidad, entonces sorpresivamente vi un bosque hermoso, semejante a una ilustración de un cuento para niños.

Escuché una música celestial y del bosque surgió una luz deslumbrante y una energía de puro amor que bañaba por completo todo. Las formas desaparecieron. No puedo describir lo que sentí. Las palabras no me son suficientes. La luz y el amor eran lo más perfecto, cálido, envolvente y compasivo. "Ahora sí, esto es Dios", lo supe y lo sentí. Esa energía divina se fundió con el bosque, yo con ella y mi gozo y gratitud fueron totales. Me sentí —ahora lo comprendo, en estado de gracia.

Estaba en ese trance cuando vi llegar a ese lugar a todos los compañeros que me acompañaban en el salón; pero se mostraron como lo que son: en escencia espiritual, una misma energía de amor, una luz. "¡Claro! —me dije—, es verdad todo lo que he leído en los libros de espiritualidad. ¡Eso es lo que somos! Ése es su verdadero ser y el mío." No podía con el asombro y el gozo de verlo y sentirlo tan real. Éramos uno con el Todo. Dios es amor y está en ti y en mi; Dios es la naturaleza, lo respiro en el aire, lo veo en las montañas, lo siento en el agua, lo veo en los ojos de quienes amo.

En ese momento le perdí para siempre el miedo a la muerte. Comprendí a mi suegro cuando en el hospital lo revivieron con aparatos y lo primero que dijo fue: "¿Para qué me regresaron? Estaba tan contento..."

Me encontraba en ese paraíso de bienestar, cuando esuché que la música bajó de volumen gradualmente hasta terminar. "Los que estén listos abran los ojos y prepárense para sentarse", escuché la voz de la instructora como un martillo en la cabeza. Las luces del salón se prendieron abruptamente. Mi resistencia a regresar era total. No podía moverme, no *quería* moverme, no deseaba salir de esa "galaxia", regresar de esa otra lejana dimensión, de ese lugar perfecto.

No tenía fuerzas para incorporarme por lo que alguien me ayudó, me abrazó y sin verle el rostro, la abracé como si fuera mi hermana, ¡se lo agradecí tanto! Lloré doblada desde las entrañas, no podía parar. De pronto fui consciente del cuarto en el que estaba, de mi estado y del de los demás y me sentí apenada.

Cuando me pude parar, con la ayuda de dos personas, sentí como si me hubieran quitado toda la piel: mi vulnerabilidad e hipersensibilidad eran absolutas. Lo único que deseaba era que Pablo, mi esposo, me abrazara, pero se encontraba en México. No me quedaba más que subir a mi habitación y meterme en la cama —a pesar de que era la una de la tarde— para sentir que las sábanas, o algo, me protegían. No quería ver a nadie. Lo único que anhelaba era estar sola y en silencio para digerir lo vivido.

Quedé drenada por completo. Mi mente estuvo ausente durante 15 días, como si hubiera vivido un tsunami, un huracán y un tornado al mismo tiempo, lo digo sin exagerar. Seguí sintiendo mi cuerpo sin piel hasta que la recuperé muy poco a poco. Supe que la experiencia me había cambiado.

Ese día aprendí, supe, experimenté, que la vida es una energía imparable, que se encuentra también en otras dimensiones que percibimos sólo con la conciencia, que somos mucho más de lo que vemos o creemos ser, que nuestra escencia es el amor, que este plano en el que vivimos, a pesar de su belleza, grandeza y complejidad, es muy limitado; que es la presencia de esta fuerza divina la que le da ese sentido de sagrado a lo que percibimos en los ojos del otro o en la naturaleza; que tengo que ver más allá de lo tangible, de las apariencias, de los disfraces que nos ponemos para venir a este mundo de carnaval, que tengo que sobreponerme a mis juicios, asimilar que lo que te hago me lo hago, porque somos uno y, lo más importante, que lo real, lo verdaderamente real no se ve: es energía.

NATURALEZA DE LA ENERGÍA

*"Todo es energía y es todo lo que hay acerca de ella. Iguala
la frecuencia de realidad que deseas y no podrás evitar
más que obtener esa realidad. No puede ser de otra manera.
Esto no es filosofía. Esto es física."*

ALBERT EINSTEIN

—

Había algo en el aire que hizo que los transeúntes nos detuviéramos hipnotizados. Era una fuerza que no resistimos y que me recordó una de esas películas de ciencia ficción, donde los personajes obedecen como muñecos a un poder superior. Sólo que en esa calle angosta y empedrada del antiguo barrio de Barcelona, la diversidad de apariencias, edades y nacionalidades también llamaba la atención.

Esa fuerza era una voz que provenía de una señora humilde, regordeta y desaliñada que cantaba magistralmente el aria de una ópera con un bote enfrente para colectar monedas. Era imposible ignorarla y seguir adelante. Cualquiera que doblaba la esquina quedaba atrapado irremediablemente. Pero la magia no la lograba la voz, sino lo que había debajo de la voz, una energía que nos envolvía y unificaba. Ese elemento por el que perdemos todas las diferencias y encontramos la similitud de nuestra esencia, del espíritu y de la verdad: la energía del alma, del corazón.

Escuchar a esta mujer me llevó a reflexionar que todos vamos tras ese algo que no se puede tocar; que todo lo que hacemos se infunde de la energía con la que lo realizamos, no cabe duda. Y que la energía que emanaba de esa voz era profunda y amorosa, dos cualidades que creaban el hechizo e invitaban al reconocimiento de nuestra energía.

La energía es la huella digital del alma y cada uno de nosotros tiene una frecuencia única. Si bien todos somos parte de la energía total —la cual la ciencia denomina "campo" y las corrientes espirituales "espíritu"—, la expresión de ella es individual: no hay otra huella igual a la nuestra.

Si pudiéramos destilar lo que hay debajo de las emociones que nos hacen sentir plenos y contentos, hasta obtener la esencia, llegaríamos a dicha energía cuya naturaleza —como vimos, es puro amor.

La energía es multi-dinámica y nuestro cuerpo y mente también requieren alimentarse de la energía vital. En este libro veremos que, como seres humanos, tenemos cinco principales dimensiones que gastan, recargan y nutren nuestra energía, día con día. Aprenderás a identificarla en ti, en otros, en tu entorno, a nutrirla y a manejarla de manera más inteligente.

Reconocer la energía no sólo amplía tu nivel de conciencia, lo que seguramente es nuestra misión en el mundo, sino que te brinda salud y calidad en tus relaciones, ennoblece tu manera de habitar e interactuar en este mundo, te da fuerza personal y mejora las distintas áreas de tu vida.

Pero, antes que nada, ¿qué es la energía?

La energía: uno de los grandes misterios de la vida

La sientes, la sabes, te afecta, te bloquea o te motiva, no la puedes ignorar. Gracias a ella te levantas por las mañanas, trabajas, produces, disfrutas, y descansas. Ilumina cada una de tus células, así como brilla en la luz del sol, y en el tintinear de las estrellas. Cualquier forma de vida la posee, depende de ella y está hecha de ella.

Se encuentra de lleno en tu entorno y se expresa de diversas maneras; es sutil, etérea, inasible, potente y delicada. Está en el centro de todo y nos impacta en todo, sin embargo, así como al aire que respiramos, la damos por un hecho, la ignoramos y, con frecuencia, la desperdiciamos. Solemos gastarla más de lo que la recuperamos. En la actualidad, gracias a la tecnología, la podemos medir tanto en ti como en el ambiente.

Esta fuerza de vida la hemos conocido a través de los siglos por varios nombres. Los chinos en diversas ramas como la acupuntura, las artes marciales o en el Tai Chi, Feng Shui, Qi-gong (o Chi Kung), le llaman *chi* o *qi,* y aprenden a cultivarla de manera excepcional a través de años de estudios, práctica y disciplina. Los yoguis le llaman *prana* o *shakti,* que activan por medio de las *asanas* o posturas, y la respiración.

Freud llamó a esta fuerza creadora de la energía vital *libido.* Incluso otros le llaman *aura.* En nuestra cultura occidental, *espíritu.* Sin importar el nombre que le demos, estas palabras intentan describir lo mismo: la energía vital que se encuentra en todo lo que llamamos vida. Esta energía no se cansa, no envejece y no necesita alimentarse. Todos la tenemos desde que nacemos; es como el sol, brilla al igual para todos.

Asimismo, hay diferentes campos de energía en cada persona, lugar, grupo, familia, empresa o salón de clases. La energía será diferente en el cunero de un sanatorio que en el ala de oncología de un hospital. Cuando conocemos a alguien de manera inmediata, calibramos si tiene buena o mala vibra: sentimos su energía, y así concluimos si nos cae bien o no.

Somos un microcosmos del Universo entero. Y sin ser conscientes del todo, buscamos la energía como al aire, al agua y al alimento. Como seres humanos, siempre perseguimos algo más, algo para sentirnos más plenos, más sanos, más fuertes y más felices. Para ello vamos al campo; organizamos viajes; visitamos pueblos y lugares hermosos; nos ejercitamos; nos aventuramos en actividades que elevan la adrenalina, nos hacen sentir realmente vivos; perseguimos trabajos que nos despierten la pasión y nos generen energía en abundancia.

En busca de dichas sensaciones procuramos relaciones que nos nutran, contagien e inspiren; disponemos momentos especiales con nuestros seres queridos y amigos para celebrar, pasarla bien y divertirnos. Cuando nos enamoramos tocamos las cúspides de una conexión profunda difícil de describir con palabras. En el plano espiritual aspiramos a conectarnos con el ser superior, o Dios, para comprender la verdad de la vida, de nosotros, y obtener paz. ¿Cierto?

De la misma manera, sabemos que los pensamientos, los recuerdos, los deseos, las emociones, la conciencia, así como las pasiones, la creatividad, el éxtasis y la vitalidad se dan dentro de nosotros gracias a interacciones eléctricas y moleculares que consumen y generan energía. Pero con frecuencia no consideramos, ni siquiera valoramos este elemento que hace posible experimentar todo lo anterior.

¿Cómo se alimenta dicha energía, de dónde proviene, por qué hay días en los que nos sentimos llenos de ella y en otros vacíos por completo; qué hace que se exprese en diversos grados? Eso es lo que exploraremos en cada apartado de este libro, en el que me voy a dirigir a esa parte de ti que de alguna manera ya lo sabe, pero quizá no es consciente o ha dado crédito. Cuando estamos dentro del frasco es difícil ver la etiqueta ¿cierto? Necesitamos salir de él y distanciarnos un poco para verla. Esa es mi intención.

Al ampliar tu nivel de conciencia sobre lo que no se ve, te darás cuenta de cómo tu energía impacta de forma cotidiana cuestiones mínimas como, por ejemplo, las ganas de prolongar una sobremesa o de escapar de ella; pero también unas tan importantes como la capacidad de amar, el modo en que te proyectas y la manera en que te perciben.

Piensa que no existe un componente físico donde se encuentren la paz, la vida o el amor; lo único que vemos en el día a día, son las manifestaciones de esas valiosas realidades. Así, la felicidad es un campo de energía. La tristeza o amargura también lo son. A diario tú y yo elegimos a qué campo conectarnos, —como una estacion de radio—, y lo hacemos minuto a minuto con nuestros pensamientos. Podemos conectarnos con el campo energético de la belleza o bien, con el de la carencia, la abundancia, la negatividad o la gratitud. Esa es la forma de crear nuestra vida, es sólo cuestión de hacernos conscientes.

Me parece interesante observar que cuando nos aqueja un problema emocional o mental, la energía se bloquea o se drena por completo y ni la comida nos repone, ¿lo has notado? Sin la energía que requerimos sentimos que todo nos rebasa; nos agotamos, vivimos exhaustos o en depresión.

De la misma manera, piensa en alguna situación que te irrite o te frustre. Cuando tu energía física está baja ¿cómo reaccionas, te enojas más fácil?

En cambio, cuando la energía fluye, todo es gozoso. En los momentos de pasión, enamoramiento o inspiración, estamos tan rebosantes de energía que hasta sentimos que no necesitamos comer. Esa chispa proviene de algo mayor a nosotros que no se obtiene de los alimentos ni del exterior. Cuando estás lleno de esta energía, sientes que te puedes comer el mundo. Y lo increíble es que esa energía siempre está disponible. La única razón por la que no la experimentas todo el tiempo es que tú la bloqueas. Cuando tu batería física está cargada ¿cómo respondes? Te aseguro que fluyes mejor y piensas de manera más clara aunque la situación irritante sea la misma. La diferencia radica en la cantidad de energía que posees.

Me entusiasma saber y compartirte que puedes alimentar, aumentar, acumular, incluso almacenar tu energía; y, como una batería interna, tenemos la capacidad para utilizarla cuando más la necesitamos.

La energía no miente

A las personas las sientes y su presencia —para bien o para mal— es contagiosa. Al sentir a una persona, tu propia presencia y vibración cambian. Como seres humanos, además de nuestra huella del alma, tenemos canales emisores y receptores de energía, los cuales conoceremos a lo largo de estas páginas.

Partamos de que el lenguaje esconde las emociones. En relación con la energía, en la comunicación no verbal, las investigaciones nos dicen que hay infinidad de señales imperceptibles, campos electromagnéticos que inciden en la convivencia de una manera incluso más importante que las palabras.

Cuando decimos "te amo" de corazón, o bien, "te odio", las palabras surgen impregnadas de una carga energética que baña al otro de manera inexplicable. Del mismo modo, cuando alguien te parece atractivo, aunque el rostro lo quiera disimular, tu energía se percibe. Estoy segura de que lo has vivido.

Cada persona emite un tipo de energía diferente de acuerdo con su estado de ánimo, su humor, sus pensamientos y emociones, razón por la cual, en un momento dado, nos sentimos a gusto o a disgusto en su presencia. ¿Lo has notado? Hay gente con tanta energía que la contagia. En cambio, hay personas que son como vampiros , literalmente, al estar con ellos parece que nos succionan la energía, lo cual es real.

Asimismo, nos comunicamos con nuestros seres queridos y con el mundo entero gracias a una red energética formada por frecuencias que generan, por ejemplo, la radio, la televisión, el microondas, los celulares y demás. Es decir, todo lo anterior forma también un campo electromagnético invisible a los ojos, pero al que, no obstante, no ponemos en duda, ¿te das cuenta?

Muchas publicaciones y estudios dicen que nuestros cuerpos son una matrix de energía. Si bien este libro no es un tratado científico, a lo largo de sus páginas intenta poner en ejemplos y vivencias cotidianas cómo gracias a este preciado recurso, tan universal como la electricidad, lo podemos cuidar, nutrir y, sobre todo, apreciar. Gracias a él, la vida se vuelve mucho más disfrutable.

Bien dicen que escribimos acerca de lo que necesitamos aprender. Desde hace varios años, como te comenté al principio, el tema me ha rondado, invitándome a explorarlo. Estoy convencida de que hacernos más conscientes de esta maravillosa fuerza de vida, nos hace co-creadores de nuestra propia existencia y de un futuro inspirador. Así que ¡aquí está! Espero que todo lo que se dice de maravilloso y revelador sobre la energía, te parezca igual de intrigante y apasionante como a mí.

TUS DOS VERDADERAS FUENTES

"El verdadero viaje de descubrimiento consiste
no en buscar nuevos horizontes, sino en mirar con nuevos ojos."

MARCEL PROUST

—

La gente se encontraba sentada en el Lincoln Center de Nueva York el 18 noviembre de 1995. Esperaba con ansiedad escuchar la música maravillosa que surgiría del Stradivarius tocado por el afamado violinista israelí, Itzhak Perlman.

El concierto dio inicio después de que Perlman subió con gran lentitud al escenario, ayudado por las muletas que usaba debido a la polio que adquirió en la infancia.

A medio concierto ocurrió algo inusual: el público escuchó un estallido, una cuerda del Stradivarius salió disparada por el salón. ¿Se suspendería el concierto? La gente y los músicos sabían que sin una cuerda del primer violín sería imposible continuar con la interpretación de la obra sinfónica. Después de que se hizo un profundo silencio, Perlman cerró los ojos, inhaló y dio la señal al director para continuar el concierto.

"Esa noche tocó con tanta pasión, poder y con una claridad que nunca antes nadie había escuchado —comentó Álvaro Sierra Mayer, quien estaba presente—, continuó tocando al mismo tiempo que recomponía, modulaba, cambiaba esa pieza en su cabeza. Tenía que encontrar en tres cuerdas una pieza hecha para cuatro."

Al término del concierto la gente aplaudió de pie por tiempo prolongado. Perlman sonrió, alzó su arco para agradecer y dijo: "Algunas veces la tarea del artista es probar cuánta música puede crear con lo que le queda." Vaya lección de resiliencia. ¿De dónde surge esa fortaleza y capacidad para salir adelante a pesar de las adversidades?

Tus dos corazones

Esa sustancia o energía inagotable, perfecta, divina, surge del corazón. Me gusta que en japonés existen dos palabras para describir al corazón: *shinzou* y *kokoro*. Pues tenemos dos: el físico, —ese músculo fuerte y vigoroso— esa bomba eficientísima que nos da la vida, y el que reúne alma, esencia, sabiduría, pasión, espíritu, intuición y sensibilidad, como vimos en la historia de Perlman. Los dos son tus verdaderas fuentes de energía, por lo que te invito a apreciarlos y a nutrirlos. Veamos...

Shinzou o corazón físico

Este corazón es la bomba más eficiente que tenemos. No hay ingeniero mecánico que pueda duplicar la eficiencia de los latidos del corazón. Es un oscilador dinámico, armónico y auto-rítmico; es decir, la fuente de energía que utiliza para latir, está dentro de él y no requiere de otro órgano para lograrlo.

En el feto se crea antes que el cerebro y nadie que haya sido padre o madre, olvida cuando por primera vez escuchó el latido de algún hijo. ¡Es un milagro! La ciencia todavía no se explica qué hace que el corazón comience a latir e inicie la vida.

Ese latido surge, como dijimos, de un músculo fuerte y vigoroso, que da más energía de la que recibe y se comunica con todo el cuerpo de cuatro formas: neurológica, biofísica, bioquímica y energética. Trabaja sin descansar un solo instante y, además, sin reconocimiento alguno. Para ser conscientes del trabajo que realiza, te comparto los siguientes datos:

El corazón late 100 mil veces al día, 35 millones de veces al año y un promedio de 3 mil millones de millones de veces en una vida. Es capaz de bombear cinco litros de sangre por minuto, 300 litros por hora en un sistema vascular de 70 mil kilómetros, lo que equivale a dar idos vueltas y media a la circunferencia de la Tierra! Todo esto mientras tu duermes, trabajas, caminas y demás ¿No es impresionante?

Kokoro o corazón espiritual

Este otro corazón surge de un nivel profundo y nos proporciona un tipo de energía mística y sagrada. Es el poder de la vida y de la inteligencia que impregna y subyace al universo. Mediante este corazón te conectas con tu espíritu, con tu fuerza interna, con la pasión, con tu maestro interior, con tu verdadera esencia y con una forma más elevada de saber.

La energía que *Kokoro* nos proporciona es del tipo que no envejece, no se cansa, nos manda señales emocionales e intuitivas que ayudan a gobernar nuestra vida y no requiere alimento para sobrevivir. Piensa en cómo te sientes cuando estás enamorado ¿Cómo están tus niveles de energía? ¿Importan las horas de sueño o lo que ingieres? También se usa para describir a una persona con intuición y de buen corazón o a los luchadores de sumo cuando ganan un encuentro.

La energía de ese *kokoro* es regenerativa, sanadora y vivificante.

Muchos de los grandes maestros de las tradiciones espirituales en el mundo describen al corazón como fuente de gran poder, como la puerta para conectarse con el alma, la creación, el Universo, Dios, el espíritu humano, la sabiduría y la intuición.

Me parece fascinante saber que, si pones dos células del cerebro de dos personas en una placa de Petri, éstas extenderán sus dendritas para tratar de conectarse; sin embargo, como no están diseñadas para vincularse fuera del cerebro, eventualmente se darán por vencidas y morirán. En cambio, cuando pones en la placa de Petri células de diferentes corazones comenzarán a unirse y comunicarse de inmediato. Y unidas continuarán latiendo como una durante el tiempo que los científicos decidan continuar con el experimento.

Hay estudios que afirman que "el corazón es el principal centro de inteligencia en los seres humanos. Los neurocardiólogos han encontrado que un buen porcentaje de las células del corazón son en realidad las células neuronales y no células musculares", como afirma Joseph Chilton Pierce en su libro *The Biology of Trascendence*. La conexión que se da entre las personas desde este centro de inteligencia es mucho más profunda y auténtica que cualquier otra.

Por lo tanto, la idea de que podemos pensar con el corazón ya no es meramente una metáfora, sino un fenómeno muy real. Literalmente, tenemos un "cerebro" en el corazón, con 40 mil neuronas que no explotamos con todo su potencial. Si bien las culturas antiguas siempre lo supieron, en la era moderna perdimos del mapa esta información.

Doc Childre, fundador de HeartMath Institute, dice: "Siempre hemos escuchado lo poquito que usamos del total de nuestro cerebro. Espera a que la ciencia se de cuenta del poquito porcentaje del potencial que usamos de nuestro corazón."

Cuando quieras influir y motivar a alguien, no hay mejor manera que viajar del cerebro al corazón. La energía que emites, es otra. Ahí está el verdadero poder, es donde te das cuenta de que los seres humanos tenemos más cosas en común que diferencias. Desde ese lugar no hay razas, género, nacionalidades, creencias ni religiones que nos separen.

La importancia de lo intangible

"En la diferencia ente las definiciones del corazón físico y el emocional se encuentra la raíz de la división tan profunda que hay entre cuerpo y mente en la medicina de hoy", comenta el doctor Stephen autor del libro *Time Shifting*.

Todos conocemos personas que pueden palomear la lista completa de lo que es portarse "bien": comen verduras, hacen ejercicio, limitan la carne roja y el azúcar, duermen lo necesario y son todo lo *kosher* posible. Uno supondría que con ese estilo de vida son más sanas, más productivas, más exitosas y viven más tiempo, ¿cierto?

Pues resulta que no siempre es verdad lo anterior. Hay personas que hacen todo lo contrario, comen lo que para los "sanos" sería impensable, no mueven un dedo, toman cerveza como agua y viven más sanos que los "saludables". ¿A qué se debe?

Esa cuestión es la que la doctora Lissa Rankin examinó después de que se le presentara una y otra vez en su consulta clínica. Los pacientes salen con una receta en mano sin haber encontrado la raíz del problema. "Me sigo sintiendo mal", es la frase con la que se quejan con frecuencia después de que sus análisis clínicos resultan dentro de la norma. La fatiga, los dolores o las molestias gastrointestinales persisten.

Rankin estaba segura de que había algo que la medicina tradicional no estaba contemplando. Los análisis son sólo una parte del todo. Se dio cuenta también de que los pacientes terminan por confiar en el remedio exterior para curar sus males de manera aislada.

Por ello se dedicó a estudiar durante muchos años y publicó su teoría en un libro llamado *Mind over Medicine: Scientific Proof That You Can Heal Yourself*.

En lugar de enfocarse exclusivamente en la historia clínica y los métodos tradicionales, indagaba a fondo la vida personal de sus pacientes con preguntas como: "¿Qué te gusta de ti, qué falta en tu vida, qué aprecias de ella, tienes una relación romántica, tu trabajo te satisface?", entre otras. Las respuestas de lo no tangible le daban más información que los análisis clínicos. Estaban enfermos no por malos genes, malos hábitos o mala suerte, sino porque se sentían solos, miserables en sus relaciones, estresados en el trabajo o financieramente, o bien: estaban profundamente deprimidos.

En cambio, los pacientes que quizá olvidaban tomar sus vitaminas, comían de todo y gozaban de una salud plena, revelaban en sus respuestas estar rodeados de amor, conectados espiritualmente, podían expresarse de manera creativa y tenían un trabajo que les divertía. ¡Claro!, ahí radica la verdadera diferencia.

Esos dos corazones que el idioma japonés describe son los dos poderes que dan origen a nuestra energía y a la vida. Son nuestras dos grandes fuentes de energía, que exploraremos a lo largo del libro.

Como lo escribiera Marcel Proust, te invito a mirar con nuevos ojos a ese órgano que hemos tenido totalmente en el olvido, que en realidad son dos: tus corazones.

Te comparto un poema que me encanta de Juan Ramón Jiménez, poeta español de principios de siglo XX, que hace referencia a lo que hemos hablado:

"Yo no soy yo"

Yo no soy yo.
Soy este
que va a mi lado sin yo verlo,
que, a veces, voy a ver,
y que, a veces olvido.
El que calla, sereno, cuando hablo,
el que perdona, dulce, cuando odio,
el que pasea por donde no estoy,
el que quedará en pie cuando yo muera.

SIN ENERGÍA

"Tienes cáncer en la tiroides", un día escuché a mi endocrinólogo decirme esto. Mi mente, bloqueada por completo, no podía aceptar las palabras que escuchaba. ¿Yo, cáncer? ¿Cómo? ¿A qué hora? Esto les sucede a otros... y demás mecanismos de defensa protestaban en mi mente.

Sentí que las piernas se me doblaron. Aparecieron esas lágrimas repentinas que no te dan tiempo ni de planear, pero manifiestan el shock en el que te encuentras.

Afortunadamente, a la cita me acompañó Pablo, mi esposo, de quien recibí todo el apoyo físico y emocional que requería. Cuánto agradecí tenerlo. Esa noche no pude dormir.

Días después, me encontraba en la sala de operaciones, mientras me preguntaba qué lo había generado. De manera inevitable venían a mi mente todas las causas metafísicas que había estudiado por años ¿Me habré callado cosas importantes en mi vida? ¿Tendré alguna energía atorada en la garganta? Trataba de revisar mi vida, cuando escuché "Ya la vamos a dormir señora." En el nombre sea de Dios...

Afortunadamente, el tumor maligno estaba encapsulado, no tenía ningún tipo de metástasis y las paratiroides quedaron intactas, lo cual significaba menos complicaciones.

Si bien, el cáncer en tiroides es de los menos dañinos —de lo cual me enteré en esos momentos— la palabrita no deja de tener una energía negativa que nos aplasta y de alguna manera nos marca un alto en el camino para reflexionar.

Durante los días siguientes en los que el médico intentaba encontrar la dosis de medicina adecuada, que sustituyera las funciones de mi ex glándula —que por cierto tardó unos cuatro meses—, pude experimentar en carne propia lo que es quedarse literalmente, sin energía. Yo que siempre me había considerado "Super woman", llena de energía, ahora hasta el más mínimo movimiento me agotaba. La vida me mandaba una lección de humildad. Y créeme que la vida sin energía, no es vida. Una planta y tu servidora, éramos lo mismo.

Recuerdo que, en uno de esos días, observé desde mi ventana a un señor que corría temprano para ejercitarse. "Este hombre no tiene ni la menor idea del enorme privilegio que es tener energía", pensé. En ese momento, me percaté de su valor, de cuánto la daba por hecho —casi una obligación de la vida—, y de que nunca, nunca había agradecido tenerla. ¿Alguna vez has experimentado algo similar? Necios como somos, los seres humanos sólo valoramos aquello que no tenemos. Pero en la vida, todo sirve...

A diario tus niveles de energía cambian

Hay energías externas que se manifiestan continuamente a nuestro alrededor y se presentan en la naturaleza en distintas modalidades, por ejemplo, de manera térmica, cinética, auditiva, eléctrica, mecánica, nuclear, eólica, hidráulica, radiante o electromagnética, química, entre otras; mismas que los seres humanos estudiamos, analizamos y explotamos para vivir y sobrevivir.

Asimismo, las personas tenemos circuitos internos de energía. Desde el latido del corazón y las sinapsis de las neuronas en el cerebro, hasta la operación de cada uno de los órganos, las glándulas y no se diga la de los músculos y las células. Los sistemas digestivo, respiratorio y circulatorio también se llevan a cabo con energía. ¿Me sigues?

Los seres humanos nos alimentamos de la energía exterior y también de diferentes tipos de energía interna que generamos. Por lo tanto, cada día despertamos con un nivel distinto de energía disponible para utilizar, misma que va a depender de: la física, la emocional, la mental, la espiritual y la que proviene del entorno. Cada área contribuye a nuestro bienestar total y marca nuestro nivel de resiliencia frente a los retos que la vida nos presente. Pero ojo, todas las áreas interactúan entre sí. Nutrir o atender sólo una es como dar mantenimiento exclusivo a una habitación de nuestra casa.

La energía física. Ésta se refleja en tu rendimiento, fuerza y resistencia. Si haces ejercicio, por ejemplo, corres maratones, levantas pesas o practicas yoga, es probable que tu nivel de energía física, se encuentre en buenas condiciones.

La energía emocional. Ésta va a depender, por ejemplo, de la calidad en tus relaciones, de tu estabilidad y flexibilidad emocional, de tu forma de ver la vida positiva o negativa, de la capacidad de auto-regular tus emociones o bien, si te sientes o no rebasado en el trabajo.

La energía mental. Se refleja en tu flexibilidad para aceptar nuevas ideas, en la capacidad de atención que tengas, en tu memoria, en tu capacidad de análisis, en la habilidad para enfocarte en algo, o bien, de aceptar o incorporar distintos puntos de vista. Desde una perspectiva metafísica, cada experiencia comienza con un pensamiento y cuando cambias tu pensamiento, tu experiencia cambia.

La energía espiritual. Esta energía refleja tu nivel de conciencia y qué tanto deseas y te comprometes a expandirla, en buscar la verdad, ser congruente con tus valores y creencias, en ser tolerante y flexible con las creencias de otros.

La energía del entorno. La percibimos como una fuerza que sana con sólo estar en la naturaleza, en contacto con el aire, la tierra, el agua y el sol. Asimismo, es el clima que generamos de manera colectiva, por ejemplo en una casa, oficina, ciudad, país o planeta y que nos afecta a nivel energético y emocional más de lo que imaginamos.

Sin embargo, hay personas que, de manera natural, poseen más energía en alguna de las áreas que en otras, o bien su entorno favorece o no a que su energía se nutra.

Como vimos, todas las dimensiones están conectadas entre sí. Considera cómo impacta a tu salud vivir en una ciudad con tráfico, ruido constante, con contaminación ambiental, donde prevalecen las prisas y el estrés, a diferencia de vivir en la quietud y el silencio del campo. ¿Lo ves?

Entonces, si tienes alguna preocupación emocional con algún miembro de tu familia, físicamente aparecerán quizá tensión en los hombros y en el cuello, tu claridad mental no estará en óptimas condiciones para tomar buenas decisiones y, en lo espiritual, ni siquiera te pasa por la cabeza esforzarte en ser una mejor persona y tu tolerancia hacia los otros se verá reducida.

De la misma manera, el reforzar una de ellas, colabora a hacer más resilientes a las otras. Por ejemplo, cuando haces un mayor esfuerzo para ir más allá de lo "normal" en la distancia a correr o caminar, con la práctica, estabilizas un nuevo nivel. Te vuelves más efectivo en el ejercicio. Y al fortalecer la energía física, te sientes más fuerte y te ayudas a enfrentar mejor los retos mentales, emocionales y espirituales.

El filósofo alemán, Nietzsche, decía que para que un cerillo ilumine, tiene que consumirse, y es cierto. A diario nos consumimos un poco, por lo cuál es necesario administrar con inteligencia todo aquello que nos drene la energía y procurar todo aquello que la nutra.

Es importante ser conscientes de en dónde y con quién tenemos pequeñas fugas de energía a lo largo del día. Imagina una cubeta con agujeros por debajo, por más que te esfuerces en ponerle agua, nunca estará llena ¿cierto? ¿Por dónde crees tú que la energía se nos escapa con mayor facilidad? No es la energía física, aunque seas maratonista; no es la mental, aunque seas jugador profesional de ajedrez o director de una gran empresa, tampoco es la espiritual, ni la energía del entorno a pesar de vivir en una ciudad como la de México o Nueva York. Nuestra principal fuga de energía es: la emocional.

Es por esto que nuestros niveles de energía tienen que ver más con nuestras emociones que con nuestras circunstancias. Ellas son las principales manipuladoras de nuestra fisiología, unas drenan y otras recargan la energía.

Por ejemplo, basta con que tengamos algún tipo de estrés emocional para llegar por las noches a tirarnos a la cama totalmente agotados, quizá sin haber movido el cuerpo en todo el día.

Otra fuga de energía importante es la estructura del ego que hemos creado. Si bien nos ha dado grandes beneficios como humanidad, como mayor conocimiento conceptual, capacidad de análisis, autonomía y demás; la casa que le hemos construido es tan grande y fuerte, que nos ha separado de la escencia espiritual y sus cualidades se han convertido en defectos. Su deseo de dominio y su parloteo constante, son grandes fugas de energía mental y psicológica. El doctor Steve Taylor en su libro, *Waking from Sleep*, lo describe así: "Nuestra estructura egóica requiere una gran cantidad de energía para funcionar, de la misma manera que una casa con docenas de habitaciones, requiere y utiliza mucha energía." Por lo tanto, se roba la energía que necesitamos para percibir de otros modos el mundo real.

Cuida lo más valioso que tienes

Es absurdo pero real. En la calle cuidamos la cartera o la bolsa para que nadie nos las robe, sin embargo, permitimos que un pensamiento o una emoción negativa nos robe la paz en cualquier momento y lugar. Cuando la mente pierde la paz, el corazón también y, por ende, todos nuestros sistemas se desarmonizan: el digestivo, el respiratorio, el endocrino e inmunológico, por nombrar algunos.

¿Cómo te sientes, por ejemplo, después de tener un disgusto muy fuerte con tu pareja, con tu jefe o un hijo? ¿Cómo duermes, cómo funciona tu digestión, qué tan buenas son tus defensas y qué tanta claridad mental tienes?

Cuando estamos "conflictuados" el cortisol u hormona del estrés provoca que nuestros compases internos toquen a ritmo de staccato. Lo cual, si se prolonga por días o semanas, tiene una serie de secuelas; entre ellas, que nuestra batería interna se agote o que el cuerpo entero entre en huelga, como personalmente me sucedió. Por eso no vemos las cosas como son, las vemos como somos, como estamos, como está nuestra energía.

Te comparto esta reflexión que es otra de las conclusiones a las que he llegado y espero que tú, querido lector, coincidas conmigo al terminar de leer este libro: ¿Qué es lo más importante después de la vida? La primera respuesta que nos viene a la mente es "la salud", ¿cierto? ¿Y qué implica necesariamente la salud? Energía. No podríamos imaginar una vida sin ella, no podríamos producir ni disfrutar y ninguna de las posesiones tendría el menor sentido sin ella.

Antes de continuar, me gustaría que hicieras este ejercicio para ver cómo se encuentran tus niveles de energía:

Ejercicio
¿Qué tan alta o baja es tu energía?

Identifica cuáles de las siguientes frases te describen:

- Por las mañanas me cuesta trabajo levantarme.
- Durante el día, con frecuencia, me siento fatigado.
- No suelo ponerle mucha atención a la calidad nutritiva de lo que como o bebo.
- Suelo tener frecuentes molestias o dolores musculares.
- Por las noches me cuesta trabajo dormir.
- Estoy muy expuesto a los electrónicos y duermo con el celular a mi lado.
- Hago poco ejercicio y cuando lo hago me siento muy cansado.
- Paso la mayor parte de mi tiempo en espacios cerrados y sin ventilar.
- Me cuesta trabajo concentrarme o recordar cosas.
- Lo que hago en realidad no me apasiona.
- La fatiga interfiere con mi trabajo, mi familia o vida social.
- Vivo, por lo regular, con mucho estrés.
- Cuando descanso, en fines de semana, mi mente sigue trabajando.
- Mi libido está baja.
- Consumo medicinas con frecuencia.
- En mis relaciones suelo tener conflictos.

Si contestaste "sí" a entre 1 y 8 frases, es probable que tengas una pérdida moderada de energía, sin embargo, haces un gran esfuerzo por conservarla. Siempre podemos hacer algo más por mejorar y el hecho de que leas este libro habla de que estás en el camino. Verás que te ayudará a elevar y crear mejores vibraciones en ti, en tu salud y en tu entorno.

Si te identificaste entre 6 y 16 de las frases, quizá no te encuentres muy satisfecho en esta etapa de tu vida y la razón por la que compraste este libro es señal de que decidiste cultivar y atraer más energía positiva a tu vida.

Cuando estás con energía, la inspiración fluye, estás en el presente y a través de la conciencia, percibes un espectro mas amplio de la realidad y lo que tus sentidos abosorben se amplifica también 25 por ciento. Pero...

¿Qué es la realidad?

A primera vista esta parece ser una pregunta absurda, sin embargo no lo es, y comprender su significado es esencial para entender un poco más el mundo que no se ve.

Incluso, responder a esta pregunta, es a la fecha el mayor enigma científico. Donald Hoffman, un científico cognitivo reconocido por la National Academy of Sciences, en su plática en Ted comparte que la realidad es mucho más hermosa y compleja de lo que nuestra vista percibe. Esto que llamamos realidad *no* es la realidad, sino una reconstrucción de nuestro cerebro hecha a partir de patrones familiares. La conciencia normal con la que experimentamos el mundo, no nos da una foto real ni objetiva del mundo. La realidad es una ilusión. ¿Cómo?

Me gusta el ejemplo que Hoffman da: "¿Si en tu computadora ves el archivo de textos rectangular y de color azul en la esquina superior de la pantalla, significa que ahí se encuentra dicho archivo?" Por supuesto que no, está ahí para ocultarnos la realidad que hay atrás de la pantalla. ¿Te interesaría saber y ver los procesos de los diodos, las resistencias y los megabytes? ¡No, para nada! ¿Cierto? Pues de la misma manera, la evolución nos ha dado esa interfaz para ocultar lo que está detrás.

Entonces veamos qué se encuentra más allá de nuestra "realidad", que no vemos pero sí percibimos, que sentimos y a diario nos afecta, seamos conscientes o no de ello: es la energía que fluye absolutamente en todo.

Lo que es un hecho es que hay personas que al entrar a un cuarto lo iluminan con su presencia y uno se pregunta ¿Cuál es su secreto?

La física cuántica nos dice que percibimos menos del uno por ciento de la realidad, por lo tanto, lo que consideramos realidad, lo que percibimos con nuestros sentidos es sólo una pequeñísima fracción de la misma. Ojo, no porque no veamos algo, significa que no exista. Este mundo tridimensional lo captamos con los cinco sentidos, el otro mundo, el real, el del campo unificado, el del ámbito espiritual, lo captamos sólo con la conciencia.

Pues dicha realidad es la matrix de todo lo que sí vemos en el mundo material, es decir, la causa. Dicho en otras palabras, el mundo es una expresión de nuestra conciencia. Cuando cambias la conciencia, cambias tu realidad. Es como mirarte en un espejo y descubrirte una mancha en la cara, para limpiarla, no lo intentes hacer en el espejo. Es en ti donde hay que limpiar. Por eso para unos la vida es una lucha continua y para otros es un gozo.

Un Curso de Milagros dice: "Nada real puede ser amenazado, nada irreal existe. Aquí reside la paz de Dios." Lo real se refiere al amor, a Dios, por lo tanto no puede tener un opuesto. La ausencia de amor es el miedo y es sólo una ilusión.

Procura a diario un rato de silencio, de sólo estar, respirar y conectarte con Dios, con la Conciencia Divina y sumergirte en el mar de serenidad y de paz interna. Ahí te conviertes en una persona más perceptiva a las sensaciones sutiles que te informan lo que sucede a tu alrededor; cómo se sienten las personas que amas.

Como te das cuenta, la realidad se encuentra en lo que no vemos y todo en nosotros se reduce a la energía que pulsamos, que absorbemos.

Ser conscientes de esto nos da una enorme herramienta no sólo para sobrevivir, sino para vivir una vida más plena. Y como aquí verás, hay muchas maneras de logarlo.

Puntos para recordar:

1. Cuida y aprecia tu corazón físico, agradece que te mantiene vivo; no lo des por un hecho.

2. Tu corazón espiritual nunca envejece y su energía regenera y sana. Recuerda esto cuando ya no te sientas tan joven como antes.

3. Enamorarte de la vida, de lo que haces, es la mejor forma de alimentar tus dos corazones.

4. Antes de tener una conversación importante o hacer un juicio, asegúrate de hacer el viaje más importante: de la cabeza al corazón.

5. Cuando hables con las personas en lo individual o en grupo, recuerda la frase de Un Curso de Milagros: "La gente te escucha desde el nivel en el que le hablas." Habla desde el corazón.

6. Recuerda: "Tú no eres tú, eres el que va a tu lado y a veces olvidas", parafraseando a Juan Ramón Jiménez.

7. Aprecia y cuida tu energía. Adminístrala de manera inteligente. Recuerda que no vemos las cosas como son, las vemos como somos y como se encuentran nuestros niveles de energía.

8. Las cinco dimensiones de energía se conectan entre sí. Al reforzar una de ellas, fortaleces a todas, lo que aumenta tu capacidad de resiliencia.

9. El mundo es una expresión de nuestra conciencia. Cuando cambias tu conciencia, cambias tu realidad.

10. Esta realidad, del mundo tangible, representa el uno por ciento y la captamos a través de los cinco sentidos; la otra realidad, el 99 por ciento restante, es captada con la conciencia.

ENERGÍA Y VIBRACIÓN

"Nuestros sentidos nos permiten percibir
sólo una pequeña porción del mundo exterior."

NIKOLA TESLA

—

¿Cómo te sientes? Pregúntatelo; pues, ¿sabías que lo que piensas lo sientes, lo que sientes lo vibras y lo que vibras lo atraes? Veamos...

Einstein decía "todo en la vida es vibración". Cada átomo y cada molécula oscilan, por lo tanto, tienen vibraciones que se miden en frecuencias. Estamos rodeados de las ondas y frecuencias que emite el entorno; es decir, vivimos dentro de un acuario de energía.

Es asombroso saber que, en este preciso momento en que lees estas líneas, la Tierra gira a una velocidad de 1,496.69 km por hora. Y que, a su vez, gira alrededor del sol a una velocidad de 106,998.845 km por hora; lo que genera una vibración de la cual, jamás nos percatamos. Como tampoco nos percatamos de tantas y tantas otras cosas que nuestra capacidad limitada no alcanza a percibir.

Durante el siglo xx, los físicos descubrieron que la materia es en realidad energía. Los seres humanos, como un elemento más del universo, con los árboles, las plantas, las flores, las constelaciones, los átomos, los muebles, los animales, las piedras, incluso el mar y las montañas, el aire, los colores y los lugares, emiten energía y, por lo tanto, una frecuencia vibratoria que si bien no vemos, sí percibimos y nos afecta de manera constante.

Si observáramos cualquier objeto sólido con un microscopio muy potente, podríamos comprobar que la estructura más ínfima de las cosas no es materia —como quizá pensábamos— sino ivacío! Ese vacío es energía. Y dicha energía vibra y tiene una frecuencia, ¿me sigues? Las cosas se ven sólidas porque su energía vibra un poco más despacio que la velocidad de la luz. Tú y tu libro, en este momento, vibran.

Ejercicio

Te invito a hacer una pequeña prueba para sentir la energía que fluye de tu interior:

Siéntate cómodo en algún lugar con tu espalda recta. Extiende tus brazos frente a ti y separados al ancho de tus hombros. Ahora, abre y cierra por completo las palmas de tus manos; hazlo de manera rápida, hasta que te canses, alrededor de medio minuto o más. Ahora separa tus manos unos 60 centímetros y con las palmas una frente a otra, acércalas poco a poco, hasta que sientas el campo de energía sutil entre ellas y quizá un ligero cosquilleo en el centro de tus palmas. ¿Lo percibes?

La energía tiene dos cualidades: es una fuerza y es información. Por lo tanto, esa energía tiene una determinada frecuencia que atrae como magneto a otras frecuencias similares. Así que, es importante monitorear en qué frecuencia resuenas. Sólo recuerda que lo que emanas siempre regresa.

Si acaso no adviertes la energía de inmediato, repite el ejercicio una vez más. Con la práctica aprenderás a sensibilizarte a esta energía ligera e inasible.

Somos seres eléctricos, somos un imán

El significado de la palabra "vibración", tal como la usamos en la actualidad, tiene su origen en los inventos del científico Nikola Tesla, quien patentó cerca de trescientas creaciones y descubrió que absolutamente todo tiene frecuencia eléctrica y energía vibratoria. Somos seres eléctricos hechos de células que vibran rápidamente, cada átomo en el universo oscila a diferente velocidad. Todos nos conectamos e intercambiamos energía de manera constante, la mandamos y la absorbemos. Nada está aislado de nada y nada está inmóvil.

En apariencia, estamos todos separados, sin embargo, somos un gran campo vibrante de conciencia. Me recuerda a la doctora Jill Bolte Taylor, de la que ya te he hablado en otros de mis libros, una neurocientífica de Harvard que sufrió un infarto en el lado izquierdo del cerebro y tardó ocho años en recuperarse. Al quedarse sólo con el lado derecho del cerebro en función, constató lo que Einstein decía: todos estamos conectados al campo. Ella aseguraba no ver las fronteras, las líneas que dividían, por ejemplo, la mesa y los libros o bien, entre la silla y la persona sentada. Esas líneas las crea el lado izquierdo del cerebro. Decía que todo eran puntitos o partículas que formaban los objetos.

La física cuántica ha comprobado lo que los antiguos místicos de diversas tradiciones ya sabían: todo en el universo es energía y vibración. De hecho, la música, los rituales, los cantos, el sonido de los tambores, los rezos o la repetición de un mantra, la práctica de thai chi o yoga, nos ayudan a entrar en un estado vibratorio que nos facilita conectarnos con el todo.

Stephen Hawking, el científico inglés, decía "lo que ahora parecen paradojas de la física cuántica, será algo de sentido común para los hijos de nuestros hijos". La realidad es que nos cuesta trabajo comprender lo que algunos científicos afirman.

Los pensamientos crean emociones y las emociones son energía en movimiento, ¿de acuerdo? Este movimiento genera una vibración y esta vibración manda información, señales eléctricas que enviamos incluso a distancia. Es decir, somos una gran antena que emite y recibe constantemente vibraciones electromagnéticas.

Cada momento del día, seamos o no conscientes, emitimos vibraciones de amor, de enojo, de aceptación, de rechazo, en fin. Y la energía que emanas, siempre regresa a ti; no tengas la menor duda, se trata de una ley universal. Esa ley guía el cómo cumplimos o no nuestros sueños. Asimismo, el universo no te da lo que quieres sino lo que eres, lo que vibras. Cuando cambias tu vibración, cambias tu experiencia del mundo por completo, y créeme, esto no es filosofía "new age", es ciencia. El sólo conectarte con la gratitud, te conecta con lo macro, con lo bueno, con el bien.

Por eso, el universo no nos da lo que queremos, sino lo que somos, lo que vibramos. Cuando cambiamos de vibración, cambiamos por completo la experiencia del mundo.

Además, la salud de todos y de cada uno de nuestros órganos contribuye también a nuestro nivel energético, el cual, como dijimos, es medible.

¿En qué frecuencia resuenas?

Hay personas enojadas con la vida; tendrán sus razones. Puede ser que alguna experiencia en la infancia, un padre, una madre, un maestro o un desamor, les distorsionaran la forma de ver el mundo. No las juzgo, el dolor debe ser muy grande. Sin embargo, cuánto me gustaría ser capaz de transmitirles lo que ahora sé y que a mí me ha servido. Me refiero al tipo de frecuencias que emitimos y sintonizamos, ya que ser conscientes de lo que generan, puede modificar una vida.

Las personas enojadas permanentemente, ven todo a través de unos lentes que apuntan de inmediato a los errores del otro, a los defectos propios y de extraños, su energía se dirige a la crítica y el juicio, lo que causa un nivel de vibración energética muy por debajo de 0.1 Hertz por milisegundo en la banda de poder de espectro, esto irremediablemente se traduce en problemas de salud y conflictos con cuanta persona se relacionan.

El doctor David Hawkins, en su libro *El poder frente a la fuerza,* afirma que la humanidad en general, en promedio calibra en el nivel de "Coraje" que significa vibrar en un .200 Hz por milisegundo, lo cual es un punto crítico que marca la frontera entre lo negativo y lo positivo, el victimismo y la responsabilidad. Por debajo de .200, la enfermedad es inevitable, y por encima el sanar se potencia.

En ese nivel y en los inferiores, la vida no es vida; impera la fuerza bruta, el temor, la ley del más fuerte, como en las manadas de animales. Las personas al carecer de energía, viven en la queja, en la crítica, en el victimismo, por ende, necesitan absorber la energía de los demás. Sus pensamientos negativos recurrentes los vuelven deficitarios.

Cuando ese dolor no lo transformas, lo transmites a todos y a todo y la descarga va, por lo general, a tus más cercanos. De la misma manera, cuando te sientes triste, enojado, te sientes con celos, estresado, con culpa, con miedo o juzgas negativamente a otros en tu mente, aunque lo quieras esconder en el fondo de tu ser para que no se te note, lo transmites y contagias.

Cuando tus pensamientos y emociones son de frecuencias bajas de energía, es como vivir en la oscuridad y en la humedad del sótano tres. Desde ese lugar no puedes tener buenas decisiones personales ni de carrera, ni de vida. Y simplemente desde ahí, es imposible conectar con energías más altas.

Si bien, todos hemos tenido días en los que nada nos sale bien, en las personas resentidas la frustración parece una constante. Conviven con el rechazo, el dolor, la traición, el desamor o la auto-victimización, sentimientos que las obligan a asirse y recubrirse con un gran chaleco anti balas, que al mismo tiempo que las protege, las aleja de lo más importante. ¿Qué es? El amor. Y este endurecimiento causa más dolor.

Elije vivir en el *penthouse*

Por el contrario, cuando generas pensamientos de ánimo, de amor, de gratitud, de entusiasmo, de pasión por lo que haces, no sólo te sientes bien, pleno, feliz y agradecido, sino que también inspiras, contagias y contribuyes de manera favorable a tu entorno. Dichas vibraciones se registran en frecuencias altas, las cuales se corresponden con tu naturaleza. Recuerda, lo que das, recibes.

El doctor Hawkins nos dice que en los niveles superiores a .200 suelen estar las personas confiadas en ellas, motivadas, altruistas y colaboradoras. Ven el lado bueno de la vida y esto los lleva a vivir más sanos y a ser más exitosos en su vida.

Lo que me parece impresionante es que cuando el corazón crea su música propia, generada por amor, aprecio o gratitud, todos nuestros sistemas internos vibran en una frecuencia que resuena armoniosa e inusualmente a 0.1 Hertz por milisegundo en la banda de poder de espectro. Dicha frecuencia es la misma del sonido del universo, de la naturaleza, de la Tierra. Cuando la creas desde tu interior, se expande más allá de tu cuerpo y contagia a otros a tu alrededor, lo cual, dicho sea de paso, es el origen del verdadero carisma.

La palabra "uni-verso" literalmente significa "una canción". Cuando vives en el amor te alineas con esa "canción" que nos une a todos, como rayos del mismo sol. Vibrar arriba de .600 Hertz por milisegundo, es vibrar en la compasión y en la extensión del Ser. Esa es la energía que anhelamos poseer, la que nos regresa a casa y que admiramos cuando la percibimos en otros.

Vivir en frecuencias altas podríamos compararlo con vivir y ver la vida desde el *penthouse* de un edificio. A esa altura, recibes más luz, mayor ventilación, tienes mejor vista; estás más optimista y puedes ver el lado bueno y perfecto de la vida. Además de que te da miles de beneficios, en términos de salud: ¡Energía viva! Al elevar tu sistema inmunológico, darte claridad mental y elevar las hormonas de la vitalidad y bienestar como la DHEA de manera natural. Aquí te va un secreto sobre tu salud: todo es y depende de tu energía —por lo menos 75 por ciento.

Lo similar atrae a lo similar

Lo interesante —y preocupante— es que las frecuencias bajas son tan magnéticas como las altas. Lo similar puede atraer a lo similar; aunque tengas cara de sonrisa y energía de tensión, de descontento, vas a atraer a tu mundo y a sintonizar con cualquier situación que vibre en la misma frecuencia que tú. Los estudios muestran que sólo requerimos 16 segundos para conectarnos vibratoriamente con aquello en lo que nos enfocamos. ¡No lo olvides!

Es como cuando afinamos un piano y activamos un diapasón en un cuarto lleno de otros diapasones de diferentes calibres y tensiones; sólo los que estén calibrados en la misma frecuencia harán resonancia con sus pares, aun si se encuentran del otro lado del Estadio Azteca. Así que ojo con lo que piensas porque puede convertirse en el círculo virtuoso o vicioso en tu vida, por el que continuarás atrayendo más de lo mismo.

Es curioso pero no hay frecuencias malas o buenas, simplemente resuenas con alguna o no resuenas con otras. Las personas que emiten una determinada energía de conflicto se topan de "casualidad" con otras personas o situaciones conflictivas y forman lo que llamo "El club de la lágrima perpetua". De la misma manera, las personas optimistas, alegres, se sentirán atraídas por sus similares.

Observa cuando al entrar a una reunión o a una cita en la que, por ejemplo, estará presente alguien con quien no haces química, cómo de inmediato emites determinado tipo de energía que, queriendo o no, establece el tono del encuentro.

Sentimos una carga que resuena o no con la nuestra y así las ondas se eslabonan, se identifican o bien todo lo contrario. Imagina una pija o enchufe para obtener corriente eléctrica de otro país, que nada más no entra aquí; eso mismo sentimos cuando nuestra energía vibra en diferente frecuencia que la del otro.

"Cuando he enseñado casas", me cuenta Sofía, una corredora de bienes raíces, "en tres ocasiones me ha sucedido que quienes me tiran la venta son los niños que acompañan a sus mamás. Al entrar a las distintas casas o departamentos, los niños simplemente han expresado «aquí no me gusta mamá»; lo curioso es que en esos lugares hubo una muerte trágica —por eso lo venden— o bien hubo muchos pleitos y los dueños se divorciaron".

Ahora, intenta subirte a un caballo o acercarte a un perro cuando les tienes miedo. En alguna ocasión una alumna me comentó que había recibido 13 mordidas de perros a lo largo de su vida, "les tengo pavor". "Por supuesto", le respondí. El perro detecta la energía de rechazo, de miedo y ansiedad que mi amiga produce, lo que a él le provoca la misma reacción.

La explicación

Esto se debe a la energía que emitimos —gracias al corazón, el órgano eléctrico más potente en nuestro organismo, que genera un campo electromagnético de 40 a 60 veces más intensidad en amplitud y cinco mil veces más fuerza que las ondas generadas en el cerebro—, cuya comunicación, de estar atentos, es más fuerte y clara que un diálogo.

¿Recuerdas que la energía es una fuerza con información? Pues esta energía eléctrica impregna cada célula de nuestro cuerpo y es tan potente que se irradia más allá de la piel hacia el espacio. Y dicha energía electromagnética cambia en este campo según nuestro estado emocional, al igual que una estación de radio.

Cuando visitamos la dimensión del amor, nuestro organismo y sus sistemas diversos crean una coherencia fisiológica que inicia con los latidos del corazón, de acuerdo con el científico Roland McCraty, director de investigación del Heart-Math Institute.

Dicha coherencia tiene la capacidad de "embarcar" y unir en un mismo espectro armónico a todos los ritmos del cuerpo y del cerebro, como la respiración, la presión sanguínea y cualquiera producido por aquello que el sistema nervioso autónomo gobierna, al igual que una orquesta despliega una sinfonía.

Te has preguntado, por ejemplo, el porqué cuando tres personas venden la misma mercancía, o tres doctores se dedican a la misma especialidad, a uno le va siempre mejor que a los otros. Simplemente es la energía que difunde de abundancia, ésta se alimenta de sus pensamientos y emociones que atraen aquello que emite: seguridad, éxito, confianza en él y en la vida. Así de sencillo.

Mientras los que no venden o no tienen pacientes, se quejan de la situación, de la economía, de lo mal que están las cosas, o lo que sea, pulsarán una energía de escasez, cargada de negatividad que los demás perciben y por ende evitan.

Podríamos decir que esto mismo sucede con las personas que buscan pareja; por más que se arreglen o se esmeren en mejorar su exterior, su cultura o su coche, mientras su corazón no emita amor por ellos, su propia información energética enviada en frecuencias vibratorias, alejará cualquier posibilidad de relacionarse de manera íntima.

Si acaso convives con una persona cuya frecuencia vibratoria no es armónica, elévate sobre dicha frecuencia para que no te envuelva. No es fácil, pero se puede. Incluso, tú puedes con tu ejemplo y actitud, ser quien arrastre a la persona a vibraciones más sanas. Al mimso tiempo, procura rodearte de personas cuya frecuencia te nutra, inspire y motive a imitarla.

El Universo siempre responde: "Concedido"

Ahora, te invito por un momento a recordar las matrioshkas —esas muñecas rusas que en su interior albergan a otra muñeca, que a su vez alberga a otra y ésta a otra más—. De la misma manera, un pequeño pensamiento, si lo albergas, se convierte en una emoción, si la repites, será un estado de ánimo y si te aferras a él, se transformará en un carácter que con base en la repetición se puede volver un rasgo de personalidad y después una vida. De ahí que a veces nos referimos a ciertas personas como: "Ahí va el enojón" o "ahí va la que siempre está de buenas". ¿Te das cuenta de lo importante que es vigilar tus pensamientos?

Y como dice el doctor Joe Dispenza: "Tener los mismos pensamientos nos llevará a tener las mismas conductas, a tomar las mismas decisiones, a vivir las mismas experiencias y a tener las mismas emociones, que casi siempre son negativas." Es entonces cuando podemos afirmar que los pensamientos nos definen y definen nuestra vida.

Lo increíble es que, como dijimos, con sólo 16 segundos de concentración en algo positivo o negativo, en lo bueno o en lo malo, comenzamos a vibrar en la misma frecuencia y el Universo siempre responde: "Concedido."

La buena noticia es que tú y yo podemos practicar una vibración de frecuencia eleveda, crear un elevador interno que nos lleve a los pisos más altos, donde está la mejor vista.

El reto está en darte cuenta de cómo te sientes y cuál es la causa para, en ese momento, cambiar el *switch* de aquello que te produce ansiedad o irritación; si está en tus manos cambiarlo, hacerlo, y si no, dejar de pelearte con lo inevitable, aceptarlo y enfocar tu energía en algo positivo —hay momentos en que no nos queda de otra, sólo abrir las válvulas internas a las frecuencias altas que nos hacen sentir mejor.

Como podrás ver, lo único que finalmente importa es nuestro estado de conciencia. Y como diría Neville Goddard: "La conciencia es la única realidad. El mundo y todo lo que hay en él son estados de conciencia."

¿Desde qué energía hago esto?

De la misma manera, cuando algo en tu vida no va bien, pregúntate ¿desde qué energía hago esto? Sé honesto y pregúntate si lo que crees que pulsas, es en realidad lo que pulsas. Puedes sonreír, o pretender, y decirle al mundo que disfrutas hacer algo o que una persona te cae bien y, al mismo tiempo, pulsar mala energía cargada de ira, resentimiento o tristeza.

El tema es ser consciente y aceptar que emitas lo que emitas, no significa que seas mala persona o que el otro lo sea. Cuando todos pulsan una misma frecuencia se llama sinergia, cuando es positiva o armoniosa, el conjunto se ordena, funciona, avanza, se hace más eficiente y se nutre —imagina el efecto en una casa o en una empresa.

Si nos hiciéramos esa pregunta de manera regular, seríamos más responsables de lo que transmitimos. Te invito a hacerte consciente sobre la energía que pulsas previo a un encuentro, ¿armonía o disonancia? Ya que, en este mundo cuántico que todavía no acabamos de comprender, afectará primero dentro de ti y después a tu entorno —y se reflejará en el ambiente y en cada una de tus tareas y relaciones.

Procura auditar con frecuencia cómo te sientes, porque lo que piensas lo vibras y lo que vibras lo atraes...

¿Cómo puedo sensibilizarme más a la información energética?

A continuación, te comparto una manera en la que podemos entrenar y afinar esa habilidad para percibir mejor la energía de los otros y de los lugares:

1. La próxima vez que te encuentres reunido con la familia, con compañeros de trabajo o en una fiesta, sólo observa de manera consciente, en silencio y sin juzgar. Mantente presente y centrado.

2. Respira hondo y conéctate a ese mundo sin palabras que existe dentro y fuera de ti para entrar en un estado de coherencia, ese lugar en donde todos somos uno.

3. Trata de ir más allá de lo que las personas dicen, sólo observa y entiende el tipo de energía que emiten.

4. Puedes practicar con cada una de las personas presentes. Verás que pronto comenzarás a leer de manera más precisa lo que en ese momento sienten.

5. Sin juzgar, determina el estado de ánimo de cada una de ellas, por ejemplo, si es "ecuánime", está "nerviosa", "enojada", "en control", "culposa" y demás.

6. Observa cómo puedes percibir dicho estado de ánimo sin involucrarte, lo que te dará una visión más clara de las cosas.

7. Procura permanecer en silencio sin emitir tu opinión y percibe qué pasa, cómo te sientes, si te cuesta trabajo, si puedes fluir bien en ese entorno.

8. Confía en tu instinto. Desde ese lugar, ten la seguridad de que la información es acertada.

9. Recuerda monitorearte de manera frecuente y pregúntate: ¿Qué energía irradio en este momento?

Para concluir: la energía, esa de la que todos estamos hechos, tiene un lenguaje, una manera de expresarse individual y, aunque no es visible a nuestros ojos, forma parte de lo que en verdad es la realidad. ¿La puedes ver?

Puntos para recordar:

1. La energía es una fuerza y contiene información.

2. Observa en qué frecuencia resuenas. Dicha frecuencia atrae como magneto a otras frecuencias similares.

3. ¿Qué energía emanas tú? Todos nos conectamos e intercambiamos energía de manera constante. Esto afectará para bien o para mal, a tu familia, a tus espacios, a tu trabajo y por supuesto, a tu salud.

4. La energía que emanas siempre regresa a ti.

5. El Universo no nos da lo que queremos, nos da lo que vibramos.

6. La vibración energética de las personas enojadas con la vida es por debajo de 0.1 Hertz por milise-

gundo en la banda de espectro, lo que te encamina a la enfermedad.

7. Cuando vives en el amor, la gratitud y el aprecio, vibras en una frecuencia armoniosa de 0.1 Hertz por milisegundo, la cual es la misma del sonido del Universo, de la naturaleza y de la Tierra.

8. La palabra "uni-verso" literalmente significa "una canción". Cuando vives en el amor te alineas con esa canción que nos une a todos.

9. Las frecuencias altas son tan magnéticas como las bajas.

10. Se requieren 16 segundos para conectarte vibracionalemente con aquello en lo que te enfocas.

1

ENERGÍA
espiritual

SI ALGUIEN
ME LO HUBIERA DICHO

"La verdad reconoce la verdad."

ECKHART TOLLE

—

Siempre creí que la velocidad era la respuesta. Que llegar primero, ser la primera en cualquier tarea que emprendiera sería lo que me llenaría de satisfacción plena, sin percatarme que el placer y la duración que proporciona alcanzar esas metas era semejante a la que da tomar el primer caballito de tequila.

En el momento te sientes tan bien que crees que si trabajas más y mejor, más y mejor, la satisfacción se multiplicará. ¡Qué risa, sí, cómo no!

Me hubiera gustado que alguien me dijera que ese no era el camino antes de terminar internada en el hospital por estrés; que emborracharte de trabajo te aleja cada vez más de ti, de tu familia, de tu salud y de tu centro, donde, irónicamente, se encuentra la quietud; que la solución no es meter el acelerador, sino el freno, pero la neblina del éxito engaña y desvía por completo.

Me hubiera gustado que alguien me dijera que lo único que tenía que hacer era sentarme, quedarme quieta y respirar con los ojos cerrados para descubrir ese lugar interior en donde están todas las respuestas y el paraíso.

En cambio, a diario, durante muchos años me subí temprano en el tren de alta velocidad del ruido interno: pendientes, citas, distracciones, consumo, juicios, irritabilidad y, eso sí, eficiencia. Lo irónico es que esa especie de sierra prendida en la mente de manera constante me hacía sentir importante. Me acostumbré a la velocidad, ignorante del precio que inminentemente conlleva.

Pero la anhelada armonía que tanto buscaba no llegaría mediante logros, ejercicio, disciplina, jugos verdes, ganancias o quehaceres, sino al enfocarme en silencio en algo tan cotidiano y mágico como la simple respiración.

En ese entonces estar con las amigas me parecía un desperdicio de tiempo. "Tú no sabes estar Gaby —me decía Betty, mi amiga de la infancia—, siempre comes rápido y te vas muy temprano." En mi interior su comentario me servía como una forma de auto reconocimiento de mi "responsabilidad", ¡qué tonta y qué ciega!

El engaño de la velocidad

Este engaño se descubre cuando al alejarte de ti buscas siempre las respuestas en otros, afuera, sin darte cuenta de que la única persona que te puede dar aquello que buscas eres tú.

Cuando te encuentras en esa situación, la vida con sabiduría te da señales para advertirte lo perdido que estás, pero la velocidad a la que vas te impide reconocerlas. Entonces un ligero desazón toma forma y se anida en alguna parte del cuerpo: tensión en el cuello o colitis, por ejemplo. De no prestar atención el volumen del aviso sube y se convierte, posiblemente, en insomnio o dermatitis nerviosa. Si seguimos ciegos, como fue mi caso, llegan las palpitaciones o la ansiedad, que es el infierno mismo; hasta llegar al colapso.

Cuánto me hubiera gustado que me dijeran que es posible sintonizar el ritmo y energía de la vida, y de la naturaleza, que nunca tiene prisa; que saborear cada momento es lo que nos llena de abundancia y de quietud interior.

Al principio, este nuevo ritmo provoca vértigo, pero poco a poco te descubres en él y reordenas tus prioridades: familia, amigos, trabajo, tiempo para lo que te gusta y descanso —sin culpa—. Descubres que hay que parar, que no puedes sintonizar con el ritmo de la vida si no paras. Que sentarte en silencio a respirar te da a manos llenas toda la energía y las riquezas que nada en el exterior te puede dar. ¡Y descubres que el paraíso está dentro de ti!

Esos días en el hospital fueron como chocar de frente a gran velocidad contra una pared. Con el tiempo aprendí a recuperar mi energía, mi ritmo; ahora sé el daño que nos causa perderlo. A distancia, agradezco haber tenido la experiencia: "La grieta es por donde entra la luz", dijo Rumi.

Una cosa es lo que sabes y otra lo que eres

La gran mayoría de las personas buscamos con pasión ese algo que no sabemos bien a bien qué es. Se trata de una verdad que resuena en lo profundo y se siente bien, nos afilia y hace regresar a casa, al sitio en donde encontramos paz. Quizá sea la búsqueda de nosotros. Sin embargo, cuando se emprende dicho camino, se inicia un recorrido hacia el interior, el cual cuestiona, confronta, incluso, en ocasiones, avergüenza.

Buscamos las respuestas en los libros, las cosas, los gurús, la filosofía, la religión o los chamanes. No obstante, el impulso de esa búsqueda nunca se sacia; la información que obtenemos de esas fuentes satisface momentáneamente al cerebro, mientras el alma continúa sedienta. Al menos esa ha sido mi experiencia durante años.

Anhelamos la expansión de nuestra persona, sentirnos radiantes y en paz; intuimos que hay algo en nosotros que tiene las respuestas, a lo cual la mente y el intelecto no tienen acceso: el sabio interior.

¿Información o sabiduría?

La mente nos da información y el sabio interior sabiduría, esa es la diferencia. Sí, la mente se encarga de tomar los datos del exterior para ayudarnos a navegar y sobrevivir en este mundo. Nuestro maestro interior en cambio, surge de lo profundo, del corazón, siempre está ahí y quizá no lo hemos siquiera saludado.

Te invito a conocerlo, consultarlo y sacarle provecho. A ese mundo del silencio los budistas lo llaman "vacío", los indios estadounidenses el "gran silencio", los monjes zen la "roca sin esculpir" y en las escrituras judeo-cristianas aparece como el "yo soy" que describe al Ser que todos somos y llevamos dentro.

Me gusta cómo Barbara De Angelis, en su libro *The Choice for Love,* compara a ese Ser, a ese Sabio interior con una alberca que un día se descubre en el patio de la casa. Su vista es tan atractiva, la superficie tan azul y clara que de inmediato invita a echarse un clavado. La temperatura del agua que rodea todo el cuerpo es perfecta y hace sentir absoluta paz y contento.

Conforme descansas en la energía de esa alberca encantada, te das cuenta de que puedes ver todos los aspectos de la vida con una claridad impresionante. "¡Qué maravilla! —te dices— ¿Cómo no conocía esta alberca milagrosa de conciencia expandida, aquí ha estado siempre?"

Es tu naturaleza

Sí, la alberca ha estado ahí adentro de ti siempre y no encontrarás otra igual en ningún lado. Si toda persona la tiene, incluso la que en apariencia es la más insana, entonces, ¿por qué no la hemos descubierto?

A veces la ruta es difícil, dolorosa, pero hay algo en nuestra naturaleza que nos insiste en despertar y transitarla —algunos antes que a otros—; finalmente es nuestra misión en la vida. Sin embargo, día con día ponemos obstáculos en el camino que nos llevan a ella. El principal es la mente, que pareciera una enorme piedra que interrumpe el acceso. Esa mente que no deja de transportarnos del pasado al futuro, de llenarnos de juicios, pensamientos repetitivos, preocupaciones o resentimientos.

Otro obstáculo es el ego que quiere algo más importante que obtener la paz interna y te dice: "No vas a encontrar nada ahí", "qué pérdida de tiempo", siempre te invita a que pospongas tu buena intención y declara: "Sí, pero primero necesitas ir a otro lado." ¿Me explico? Hasta que un día te hartas de sufrir y entonces sí te decides a buscar esa alberca interior de paz.

Las religiones facilitan el camino, cada una de ellas o cada corriente mística y espiritual tiene un mapa único, el cual, finalmente, es universal. Se podría afirmar que todos los seres humanos, de una u otra manera, buscamos llegar al mismo lugar: a Dios, al amor, al origen, al creador de todo o al estado de gracia. Cuando desconectamos ese vínculo se produce una especie de herida que causa la desazón y las guerras en la vida.

El mayor poder de una persona es estar en paz y en armonía consigo. Cada quien es responsable de bailar la danza de su propia vida. Cuando buscamos ser como alguien más, en lugar de resonar con nuestra energía particular, vamos en contra de nuestro ser y no es de extrañar que después nos preguntemos por qué nuestra vida no funciona.

La forma de limpiar el camino, para llegar a esa alberca de paz, es rendirte al momento, salirte de tus juicios, procurar el silencio y la respiración consciente. Es la única forma de tener acceso a tu sabiduría interior. Las respuestas existenciales —todas— siempre están ahí, no hay que buscarlas en el exterior. El cerebro te puede dar información, esa es su función y está bien, ¡vaya que la necesitamos para sobrevivir!

Sin embargo, cuando se trata de los temas relevantes en la vida ("es tiempo de cambiar de trabajo", "no sé por qué no le creo", "ella será mi esposa", "es por aquí, esto es lo que me apasiona hacer"), es el maestro interior el que te guía mediante un "saber" profundo y una sensación sutil en el cuerpo.

La mente puede ser un lugar peligroso, o bien, un agasajo. Si las personas al interactuar desconectáramos nuestra mente de las palabras, tendríamos acceso a ese universo, el único que es real. Es el mundo del no tiempo, del vacío, de la energía, de la nada y del todo. Al visitar ese espacio interior comprenderíamos a los demás y a nosotros con mayor facilidad y felicidad. Cuando lo visitas, aunque sea un poco, sientes el deseo irresistible de volver. Y una vez iniciado el camino, no hay paso atrás. Nos convertimos en anhelantes buscadores de ese mundo de paz, en donde siempre se encontrarán todas las respuestas.

Cuando logras ser dueño de tu paz interior, nada ni nadie te la puede quitar. "¿Cómo lograrlo?" Te preguntarás:

Respira, respira, respira...

A la pregunta: "¿Qué es en realidad lo que poseo?" Los sufíes responden sin titubeos: "Lo único que tienes es aquello que no perderías en un naufragio; posees sólo una riqueza de la vida que no para nunca: la inhalación que entregas a la exhalación y la exhalación que entregas a la inhalación."

Sabemos que el estrés nos provoca hacer cosas poco sanas y nos incita a decir cosas que no deseamos a los que más queremos. Como diría Eckhart Tolle: "El estrés es señal de que has perdido el presente." Además, en la casa, en el trabajo y en la calle todo parece moverse más de prisa. Los pequeños bips de los aparatos electrónicos que suenan exigiendo nuestra atención inmediata. La publicidad que grita por todos lados para que le pongamos atención. Estoy segura que ya sabes a qué me refiero.

Muchos sacrificamos el presente para vivir en el futuro. Pensamos que la felicidad está en ese lugar inalcanzable y esperamos hasta que la noche llegue para entonces permitirnos descansar en la oscuridad y el calor de nuestras camas.

Por suerte tenemos la tecnología más avanzada para reducir el estrés en el momento en que lo deseamos. No, no es el teléfono, es tu respiración.

A diario inhalamos y exhalamos un promedio de 20 mil veces para absorber el oxígeno necesario, pero al vivir con estrés, respiramos corto, sólo con la parte alta de los pulmones, lo que no garantiza una oxigenación óptima.

La respiración te da calma en el caos. Si bien es algo que realizamos de manera automática, sentir cómo entra y sale el aire por la nariz, tiene aplicaciones terapéuticas. Aunque sea el primer acto instintivo que realizamos al nacer, nunca es tarde para aprender a respirar bien.

Haz de tu respiración tu compañía constante. Ella te dirá cuándo necesitas re-enfocarte o descansar. La mente depende de la inspiración para fortalecerse, para crear, crecer y actuar. Tu vitalidad es un reflejo del nivel de inspiración, así como la respiración es un reflejo de tu estado mental. ¿Te das cuenta?

Cuando aprendes a respirar con el diafragma, además de hacerte más consciente del momento, llega más oxígeno a todas tus células y el sistema nervioso se relaja. Esto ayuda a mejorar la digestión, la reproducción, el sexo y fortalece el sistema inmunológico.

Tu vida sólo existe ahora. En este momento. La pierdes de vista y se va. Cuando te conectas más con tu respiración tiendes a estar más presente, más vivo, como si te pusieras unos lentes 3D y todo se ve mejor.

A dónde va tu pensamiento la respiración lo sigue

¿Sabías que la respiración va de la mano con el pensamiento? Dar y recibir, como la respiración, es el eterno ciclo de la vida. Al dominar la respiración, dominas la mente e incrementas la inspiración, el entusiasmo y la vitalidad.

Veamos, cuando:

- **tu respiración es larga y profunda**, el pensamiento es centrado y sereno.
- **tu respiración es corta**, sólo con la parte superior de los pulmones, llevas lo mínimo de oxígeno a tus células y no usas toda la capacidad pulmonar que la vida te dio. El estrés del día y las prisas te roban la inspiración y son la causa de que respires así de mal.
- **inhalas corto y exhalas largo,** muestras un estado de melancolía o añoranza, como no queriendo dejar ir el pasado.
- **inhalas largo y exhalas corto,** demuestras ánimo, orgullo y exaltación. ¿Lo has notado?
- **la inhalación y la exhalación son rítmicas y balanceadas,** la mente está clara y tranquila, te sientes centrado, en un estado de armonía y serenidad. Cuando la respiración es equilibrada genera poder, vitalidad y facilita que tu cuerpo sane. La práctica de la serenidad cotidiana llama a tu alma a ubicarse en el momento: eso es la conciencia.

- **la respiración se vuelve casi imperceptible**, con la quietud mental, dejas de pensar, por ejemplo, al meditar, y te conectas con tu luz interior.
- **los pulmones enferman,** cuando en la vida tienes una gran tristeza; no hay lugar para la inspiración. Es así como los pulmones, tu fuente física de respiración, se convierten en el órgano que lo refleja y enferma.
- **la respiración se acelera**, si detectas peligro, para mandar toda la energía a las extremidades y poder atacar o huir. Con la excitación sexual o al practicar algún ejercicio cardiovascular se estimula la inspiración mental, lo cual ayuda a capotear la depresión.
- **la respiración se corta,** cuando sientes un dolor muy fuerte, estrés o ansiedad. Cuando te sientes débil o muy cansado.

Es por eso que controlar la respiración calla el ruido del cerebro y crea paz interna y serenidad. Sin contar que el oxígeno que inhalas, provee de energía y salud, como vimos, a cada una de tus células para que funcionen mejor.

Técnica de respiración

Para mejorar tu inspiración y tu respiración:

Practica ciclos de respiración completos. Inhala profunda y rítmicamente varias veces al día de manera consciente; es un obsequio que le das a tus pulmones, a tu mente y a tu bienestar de manera inmediata. Además te trae al eterno presente.

1. **Exhala todo el aire que tengas**. Hazlo al igual que te aseguras que una maleta esté vacía antes de empacarla. Incluso contrae el abdomen para exprimir todo el aire que haya en tus pulmones. 80 por ciento de tu capacidad

pulmonar está a los lados y en tu espalda. Así que cuando creas que ya no hay nada, sigue exhalando y verás cuánto espacio se desperdicia para que el aire fresco y limpio llene de nuevo tus pulmones. Inhala y repite el ejercicio cinco veces, poniendo énfasis en la exhalación.

2. **Fortalece tu diafragma.** Al inhalar con el diafragma, el abdomen se expande como un globo, tal y como les sucede a los bebés. Cuando la parte baja de las costillas se expande es señal de que respiras correctamente. Muchas veces al estar preocupados o por contraer y disimular un abdomen, respiramos con la parte alta de las costillas, pero no es correcto. Así que inhala profunda y lentamente hasta el máximo de tu capacidad pulmonar. Relaja los hombros y exhala con entusiasmo todo el aire, hasta contraer el estómago. Repite el ejercicio cinco veces.

3. **Tu postura es importante.** Afecta hasta el 30 por ciento de tu habilidad para respirar. Endereza siempre tu espalda. La clave está en imitar a Superman cuando se quitaba la ropa de Clark Kent; además de aumentar tu capacidad pulmonar y beneficiar todos tus sistemas a nivel celular, de inmediato te verás más alto, más atractivo y más confiado.

Es importante saber que, al hacer estos simples ejercicios, al principio te cansas como con cualquier tipo de rutina en el gimnasio; incluso si practicas mucho ejercicio cardiovascular. Esto se debe a que fortalecen el corazón no los músculos respiratorios. ¿Vale la pena, no?

Respira cada vez que te sientes en tu mesa de trabajo, antes de iniciar alguna tarea, antes de tener una conversación importante; respira como si fuera lo más preciado que tuvieras, porque además de que te llena de energía, es la señal inequívoca de que estás vivo.

SINTONIZA EL RITMO DE LA VIDA

"La quietud en quietud no es la verdadera quietud;
sólo cuando hay quietud en movimiento,
el ritmo del universo se manifiesta."

BRUCE LEE

—

Sin prisas

"Si un viajero perdido en el tiempo apareciera en una aldea medieval y preguntara a un transeúnte el año en el que están, el aldeano quedaría tan sorprendido por la pregunta como por la ridícula vestimenta del extraño", nos narra Yuval Noah Harari en su libro *De animales a dioses*.

En sus páginas nos describe que antaño el mundo se ocupaba de sus quehaceres sin relojes ni horarios y se guiaba solamente por los ciclos del sol y el crecimiento de las plantas. No había prisas y el ritmo era marcado por la época de lluvias y el tiempo de la cosecha, sin saber constantemente la hora y mucho menos preocuparse por el año que transcurría.

Fue a partir de la Revolución Industrial que nos volvimos esclavos del reloj, al grado de necesitar ver la hora en todos lados: en el celular, en la muñeca, en el despertador junto a la cama, en el microondas, en la televisión y en la computadora. En los noticieros, lo primero que escuchamos, nos dice el comunicador, es la hora como un dato incluso más importante que el estallido de una guerra. Para no saber qué hora es hay que hacer un esfuerzo consciente.

Si bien, y sin duda, el reloj es necesario, sincroniza nuestra vida y nos salva del caos general, también nos automatiza al grado de convertirnos en muñequitos recortados de papel que obedecen al reloj industrial más que a los tiempos que nuestra conciencia, el ritmo vital de nuestro cuerpo y nuestro corazón nos dictan. La idea de rapidez no le pertenece a la naturaleza, sólo a nosotros.

La única manera en la que dichas concepciones tan distintas del tiempo pueden coexistir y extender su duración sin necesidad de que nos volvamos esclavos suyos, es estar y permanecer presentes, sin prisas para realmente vivir y disfrutar cada una de las cosas que hacemos.

Controlar las velas, no el viento

Hoy la tendencia es vivir con puños y dientes apretados, inmersos en el hacer, hacer, hacer... hemos olvidado el *ser*. El viento sopla fuerte y no tenemos tiempo para pensar —no queremos tenerlo— sólo queremos hacer, sin espacio para crear.

Buscamos reforzar nuestra autoestima a través de la adrenalina y la cantidad de cosas que hacemos y acumulamos en el menor tiempo posible. ¿Y el gozo dónde queda? ¿Y la conexión con uno mismo? incluso los días libres los llenamos de actividades y vamos en contra de nuestros ritmos biológicos, y así perdemos la armonía. ¿Te das cuenta?

La falta de interioridad nos sofoca. Las prisas nos vuelven poco cordiales y menos amorosos. El tiempo nos parece que se acelera, vivimos inmersos en un estado de interconexión adictiva hacia fuera, inundados en una cantidad de información que no alcanzamos a procesar del todo; la mente salta de aquí para allá. Mientras tanto, en el fondo, añoramos ese tiempo de calma que alguna vez conocimos.

Cuando nos enteramos de suicidios de personas famosas, que en apariencia tenían absolutamente todo, repensamos aquello que buscamos. Me encanta la frase del actor Jim Carrey: "Pienso que todo el mundo debería ser rico, famoso y hacer todo aquello que siempre soñaron. Así podrían darse cuenta de que ésta no es la respuesta."

Estas crisis personales de los famosos, son una muestra de lo que mucha gente vive hoy día con día. Se cree que tener dinero es ser feliz, por lo tanto, se sacrifica todo por acrecentarlo. Sin embargo, son estos mismos trances, la misma incertidumbre, lo que despierta la búsqueda en la mayoría y crea el escenario para descubrir nuevas formas de vida.

Si al mismo tiempo en que el mundo parece estar en aprietos hay un anhelo, una búsqueda de encontrar un mayor sentido de vida más plena, más empática, más cercana a las leyes de la naturaleza que nos regrese la paz y el bienestar, el mejor maestro está en la naturaleza misma.

Todo en la naturaleza es ritmo

Hay ritmo en el universo y en nuestro cuerpo, en los planetas y en nuestros genes, en las estaciones del año y en el día y la noche. El ritmo es una característica inherente a la inteligencia universal; la naturaleza se autorregula, evoluciona y se desenvuelve mediante patrones rítmicos. El ritmo está ahí, en cada célula, en cada sistema y en todos lados. Si escucháramos los ritmos propios de nuestro cuerpo, podríamos vivir de manera más armoniosa y sana.

El ritmo es importante para bailar, para comunicarnos, para actuar. Incluso el ritmo de la rutina tiene su encanto y lo apreciamos después de varios días de vacaciones. A los niños tener un ritmo en sus horarios, en sus obligaciones y en sus tiempos de descanso les da tranquilidad. El cerebro ama el ritmo y los sonidos predecibles que es capaz de anticipar debido a la repetición, tan es así que estos provocan que segregue las hormonas del placer.

Los sonidos rítmicos no sólo coordinan el comportamiento de las personas en un grupo, sino que sus procesos mentales también se sincronizan. Por tal motivo, el sonido de los tambores une a la tribu en una ceremonia o el ejército marcha al son de las trompetas hacia la guerra.

Solemos asociar el ritmo con movimiento, sin embargo, ese es sólo uno de sus aspectos. También hay ritmo en las palabras, en los colores, en las relaciones y en una conversación.

Hay ritmos que se sienten y no se ven ni se escuchan. El ritmo es una energía que subyace a la energía. Nuestra vida se rige en gran medida por ellos, ritmos internos y externos que modifican nuestra conducta y son una parte fundamental del día a día. Los ritmos internos incluyen el del corazón, la inhalación y la exhalación constantes, los circadianos (los patrones biológicos internos), la apoptosis —que no es más que el constante ritmo de morir y renacer de nuestras células.

Las personas tenemos un ritmo propio que varía con la edad y se refleja en la manera de hablar, de estar, de hacerse presente o salir del escenario.

Podemos decir que una persona sana tiene sus ritmos en armonía y eso se refleja en su exterior; se mueve rítmicamente y es evidente en ella la coordinación de los sentidos, pues así es como percibe la vida.

Sin los ritmos de la vida diaria, habría caos y desazón en nuestra rutina y en nuestras relaciones. Lo importante es respetar los ritmos propios y evitar los ajenos, en todos sentidos. Del mismo modo, así como existen ritmos dados, hay ritmos que deben encontrarse o crearse, lo que significa una oportunidad para el autoconocimiento y la creatividad.

Cuando nos enojamos nos salimos de ritmo, así como cuando tocamos los excesos y hasta la euforia. ¿Después de un disgusto, cuánto tiempo tardas en regresar a tu centro? El tiempo en que lo logras está relacionado con tu nivel de conciencia.

Uno de mis maestros, Fernando Broca dice: "Cuando estás en tu ritmo, todo lo de afuera siempre será una buena música para bailar" y es cierto.

Para que en nuestra vida las cosas fluyan, necesitamos ritmo. Ritmo para mantener sana una relación, para que una buena conversación se dé, para dormir y trabajar, ritmo para comer, ritmo en una relación íntima de pareja, ritmo para exigir y soltar, ritmo para dar y recibir... en fin. Sí, el reto es controlar las velas, no el viento.

Te invito a hacer un pequeño ejercicio conmigo: aprieta tus puños mientras cuentas hasta 50 sin soltar ni por un segundo. ¿Te das cuenta del esfuerzo que significa controlar, retener, apretar? Pues así vivimos... Ahora abre poco a poco tus manos para sentir cómo la vida fluye mejor desde ahí. ¡Qué alivio! Sin embargo, como dice Broca, la vida requiere de las dos fuerzas para crear, avanzar y crecer, que simbolizan el yin y el yang, el principio masculino y femenino de la concepción. El ritmo, el equilibrio, el balance.

Cuando entramos en conflicto con los ritmos de la vida se presenta el sufrimiento. Por lo que, a través de la conciencia, hay que aprender a navegar en él.

La sensación del ritmo es la paz

La idea de rapidez no le pertenece a la naturaleza. A los occidentales nos cuesta trabajo comprender este concepto del Tao, pues estamos educados para hacer y hacer, con tal de obtener posiciones, logros, bienes y demás. Me refiero al principio que en chino se llama *wu wei*. ¿Qué significa? De algún modo es "tómalo con calma".

El *wu wei* enseña que la guía siempre es la naturaleza. Su sabiduría permite que las cosas sigan su curso natural, como la Tierra que gira alrededor del Sol.

Este concepto del Tao puede traducirse de varias formas: "No acción" o "quietud creativa"; Alan Watts, en su libro *Qué es el Tao,* lo traduce como "'no forzar para disfrutar del buen vivir en medio de una cultura orientada a la acción". Lo cual, debo aclarar, no significa "me vale gorro", sino todo lo contrario: tener el valor —porque se necesita valor— de elegir *no actuar* y tomar las cosas con calma.

Para que las cosas fluyan, el *wu wei* nos dice que quien posee la virtud se mueve poco a poco, con tranquilidad, y toma en cuenta la veta de la madera, el hilo del tejido; nunca se mueve con violencia o va en sentido contrario. "El Tao mismo siempre está en este estado, como si no hiciese nada, mas nunca está sin hacer. Así se conquista el mundo", nos dice el libro del *Tao Te King.*

"El Tao —nos rarra Fernando, nos invita a observar, por ejemplo, a la montaña que no se inmuta ante las tormentas, los incendios, las sequías; ella simplemente es, permanece, se sabe grande, inmutable, fuerte y con paciencia permite que la vida —con lo bueno y con lo malo— haga su balance necesario." Cuánto bien nos haría imitarla.

Tomemos también el ejemplo del agua del río, tranquila y perseverante, cuya fuerza y paciencia perfora la roca más sólida. Cuando los humanos forzamos y desviamos su rumbo natural, tarde o temprano, se genera el caos.

La naturaleza se renueva, interactúa, se adapta a las circunstancias para dar lo mejor de sí. Además, observa cómo en el otoño, cuando los árboles tiran sus hojas, lo hacen sin apegos y con serenidad. Y mientras están "secos", yacen tranquilos, descansan, se preparan, no se atormentan, saben su valor. En la primavera despiertan, se desperezan y con fuerza renovada nos regalan esos pequeños brotes que invitan al espectador a renacer también y a imitar a la naturaleza.

La vida, sin duda, es mucho mejor en su actuación que nosotros; la rapidez del mundo nos ha alejado cada vez más de su sabiduría. Ella siempre tiene su tiempo, su forma y su ritmo para poner las cosas en su lugar. Vive en armonía con los procesos de la naturaleza, en lugar de tratar de empujarlos.

Conclusión: regresar a tu ritmo te da paz, te da balance. Déjate atrapar —aunque sea un instante— por lo que la naturaleza a diario te regala.

EL DESEO: LA ENERGÍA MISTERIOSA QUE NOS IMPULSA

*"Cuando la personalidad viene a servir a la energia del alma,
eso es el auténtico poder."*

GARRY ZUKAV

¿Qué deseas?

Quizá tú, querido lector, lectora, pienses: "En este momento, no deseo nada; o tanto, que no sé por dónde empezar", sin embargo, lo que me parece asombroso es constatar que cada célula en tu cuerpo contiene esa energía que desea vivir, tu corazón latir, tus pulmones respirar y tus piernas caminar como todo en la naturaleza. El círculo de la vida se basa en la energía del deseo mismo.

Por un momento imagina que no desearas nada, absolutamente nada. ¿Por las mañanas tendrías ganas de levantarte, de ir a trabajar o de tener una pareja? No. Los deseos son la energía de la vida y entre más deseos, más combustible y motivación para vivir, crecer y experimentar.

Si no tuviéramos deseos simplemente no sobreviviríamos.

Alíneate para conseguirlo

Seguro has escuchado sobre la energía de la atracción, sin embargo, es fácil que se mal entienda. Para comprenderla a cabalidad, es necesario taladrar en el juego que el deseo tiene en el círculo de la vida. Veamos...

El deseo es el esfuerzo de una posibilidad que quiere manifestarse; es el hambre de la naturaleza por auto conocerse, por auto completarse y auto expresarse a través de ti, de la música, de la poesía, del arte, de los sabores y la naturaleza misma.

Tú y yo, como individuos, de manera inherente deseamos todo aquello que nos proporcione satisfacción, seguridad, abundancia, amor, gozo y paz interna. Es lo que nos hace humanos y nos mueve a levantarnos por las mañanas o desear una taza de café. Decía Thomas Moore: "Así como la lógica guía a la mente, los deseos guían al alma." Todos somos parte de esa misma potencia creadora, sólo hay que saberla escuchar.

Cualquier idea, objeto o negocio, nació de un deseo de crearlo. Y ese deseo es la fuerza que nos infunde el poder para atrevernos a saltar al vacío, iniciar un proyecto, comprar una casa o cambiar de rumbo.

Sin embargo, es importante observar ¿desde dónde deseas lo que deseas?

Hay dos tipos de deseos. Todos podemos distinguir entre un deseo superficial y uno profundo. No es lo mismo anhelar juguetes, coches, trabajos atractivos, amantes, símbolos de éxito y demás, a desear ser una mejor persona.

El deseo profundo

Imagina que tu verdadero ser fuera un generador de energía eléctrica muy poderoso. Cuando tus deseos nacen desde ese lugar, la electricidad fluye sin esfuerzo y las cosas se dan. Surge del ser auténtico, de esa parte que anhela algo más allá de las posesiones o satisfacciones temporales, que no se puede tocar.

Si el deseo es profundo, la evolución en el universo apoya todo lo que viene del bien y ayuda al crecimiento armónico.

Es impersonal y se trata de la misma fuerza que hace que la semilla se convierta en árbol, la Tierra gire, la sangre circule por las venas y las flores se abran.

Estos deseos son los que llenan, expanden e impactan para bien a todos. Se alimentan de la energía del amor, de la energía de la gracia, de la bondad, del perdón, del respeto, la armonía y una reverencia hacia la vida.

Cuando te conectas con esa energía, todo fluye y notas que los deseos superficiales disminuyen sustancialmente.

El deseo superficial

En cambio, los deseos superficiales nacen del ego, de la carencia. Así como el hambre te avisa que el estómago está vacío, hay un sentido de necesidad que resulta de creer que no eres suficiente y necesitas más cosas, más comida, más distracciones, por el vacío que causa. Sólo recuerda que la energía de la carencia, atrae más carencia.

Tus deseos, entonces, no se alimentan de la fuente directa de electricidad, la toman de un "diablito". La potencia, por ende, es muy débil, baja; tienes que esforzarte, luchar, trabajar mucho para que las cosas se den.

Desde ese lugar, el deseo puede hacer mucho ruido; crear una prisa por pedir mucho, por comprar mucho, sin percatarse de que lo que obtengas nunca es, ni será suficiente.

Bajo esa ilusión las personas alimentamos al ego, almacenamos bienes, compramos cosas, sacrificamos amistades, tiempo de vida, de descanso, de familia; con tal de ser, tener, lograr o aparentar más y más de lo que somos. Con los lentes siempre puestos en "algo falta", los deseos centrados en el bienestar propio, lejos de llevarnos a sentirnos plenos, nos guían a un profundo vacío y terminan por convertirnos en esclavos. ¿Te das cuenta?

Por otro lado, hay ocasiones en que renunciamos a nuestros deseos con tal de pertenecer y ser aceptados en un patrón familiar, una sociedad o un grupo; lo cual, sobra decir, es un gran error que el tiempo se encargará de mostrar. De la misma manera, la mayoría de las veces actuamos desde los hábitos que nos resultan familiares, que representan 95 por ciento y dejamos a un lado ese cinco restante que representa nuestros deseos, nuestros sueños y aspiraciones.

Sólo desde un lugar de conciencia podemos retomar ese cinco por ciento, que como decía Thomas Moore, es la guía de nuestra alma.

Para saber si conectas con dicha energía del deseo profundo, basta hacerte tres preguntas: ¿Mi deseo es justo, es bueno y es honesto? Cuando no puedes decir "sí" sólo a una de las tres preguntas anteriores, tal vez hay una negatividad o los deseos se "conflictúan" y se cancelan uno a otro.

Para reconocer desde dónde surge tu deseo
Ten en cuenta lo siguiente:

- El ser une... el ego separa.
- El ser agradece... el ego se queja y nunca está satisfecho con nada.
- El ser siempre esta pleno y satisfecho... el ego siempre reclama.
- El ser siempre esta en el presente... el ego en el pasado o en el futuro.
- El ser aprecia la belleza...el ego ve el defecto.
- El ser vive en la abundancia... el ego en la escasez.
- El ser se desapega del resultado y del ego... el ego espera un resultado, un reconocimiento.
- El ser desea *ser*... el ego, tener, hacer, poseer.

Aceptar lo que es

San Juan de la Cruz, decía: "Deseo poco y lo poco que deseo, lo deseo poco", me pregunto si ése puede ser también otro camino para sentirnos plenos.

¿Podríamos lograrlo? Te invito a reflexionarlo...

Me fascina ver que en la naturaleza no hay esfuerzo de más: los árboles crecen, las flores nacen, el sol ilumina según un flujo de energía natural, con su ritmo y su tiempo.

Cuando haces las paces con lo que eres, con lo que es, con lo que hay, eres libre y ya no buscas, sino que agradeces y honras lo que sí tienes; el resultado es la paz interna. Si estás en paz con tu cuerpo, no deseas el del otro; si estás en paz con tu casa, no deseas una más grande. Estás.

Esto no significa quedarse cruzado de brazos o echado en un sillón toda la vida, ni dejar que la vida pase y nos pase por encima. Espero explicarme bien. Es darnos cuenta de la bendición que significa el simple hecho de estar vivos, sin contar con todo lo que la vida nos ha dado. Por ejemplo, cuando nos vemos en el espejo, en lugar de sólo ver el pequeño defecto que creemos tener, de acuerdo con los estándares de perfección que la sociedad impone, agradezcamos tener un cuerpo, perfecto tal y como es, el cual habitamos y nos permite vivir.

Cuando fijas tu atención en lo que los otros tienen o hacen, en lugar de agradecer lo propio, encontrarás la fórmula perfecta para no disfrutar el hoy, el aquí y el ahora.

Para que las cosas fluyan es necesario ser creativos, como si se tratara de preparar una pintura con los materiales o colores con los que se cuenta en ese momento. La humildad nos doblega a los caminos que la vida nos marca. Aceptar que, aunque tenemos que esforzarnos por obtener lo que deseamos, no lo haremos sin perder la paz, la vida personal, el rumbo o la familia. No vale la pena.

Siempre me ha gustado mucho la manera en que los sufíes describen la paz, para ellos se logra al hacer, trabajar y dar todo lo mejor de sí sin importar el resultado.

Lo increíble es que desde ese lugar de desapego nos acercamos más al auténtico ser y la verdadera energía de la atracción se da y se convierte en ley. Cuando soltamos el deseo obsesivo facilitamos que nuestras aspiraciones se manifiesten.

Si los seres humanos nos rindiéramos a lo que es, quizás habría menos separaciones, menos violencia en las amistades, las parejas, las familias y los países: la vida fluiría y sería mejor. ¿No crees?

LA ENERGÍA DEL LLAMADO

"Lo que buscas, te busca"

Un maestro zen y su aprendiz caminaban por el campo cuando se encontraron con una familia muy pobre, la cual los invitó a pasar y a compartir el pan en su casa de paja. El padre les platicó que mitigaban el hambre día a día gracias a la leche que la vaca producía.

Al término del convivio, el maestro y su alumno se despidieron de la familia muy agradecidos y retomaron su camino.

Una vez que se alejaron un poco, el maestro le dijo a su alumno: "Ve y mata a la vaca." Al estudiante, aunque sorprendido, no le quedó más que obedecer y tiró a la vaca por un barranco.

Al año siguiente, el maestro y el discípulo regresaron al mismo lugar y se encontraron con la misma familia que para entonces vivía en una casa construida con ladrillos, vestía mejores ropas y les invitó una comida suculenta.

—¡Cuánta abundancia! ¿Qué fue lo que sucedió? —preguntó el maestro.

—Perdimos la vaca y todos tuvimos que encontrar nuestras habilidades para salir adelante —respondió el padre con orgullo.

Al despedirse, el maestro le dijo a su estudiante: "En ocasiones, necesitamos matar a la vaca para sacar lo mejor de nosotros."

Todos tenemos una vaca

Cuánto bien nos haría recordar esta historia cuando nos instalamos en nuestra zona de confort y nos desviamos del camino para el cual fuimos llamados.

Si tienes vida tienes un propósito, un llamado del espíritu. Una parte de ti busca un significado en esta escuela de la vida a la que todos vinimos a aprender. ¿Escuchas el llamado, lo reconoces? Veamos...

Hay sensaciones que nunca olvidas: cuando ves la urna en donde reposan las cenizas de un ser querido o, peor aún, la sopesas y te das cuenta de que ese estuche de polvo que alguna vez fue risas, inteligencia y propósitos, ya no es la persona que conociste.

De la misma manera, ¿qué hace a una vasija de barro? Por supuesto el barro, pero hay algo que no contemplamos, aunque es igual de importante: el espacio interior. Dice Wyne Dyer que si tomas un martillo y le das de golpes a la vasija, lo único que queda son pedazos. El material y la pintura siguen ahí, pero ya no es una vasija. Para que una olla lo sea, necesita envolver un espacio. Sin embargo, el espacio contenido en el barro estaba ahí antes de que éste se modelara. No necesitaba del barro para existir ni nació cuando se fabricó la olla, ¿cierto?

El mismo espacio que requiere la vasija para existir, es el espacio interior que los seres humanos necesitamos para vivir. A dicho espacio le llamamos *conciencia, espíritu* o *alma*. Ese espíritu que forma parte de la gran conciencia, o de Dios, o como quieras llamarle, tiene una agenda propia, una tarea que realizar en ti. A esto último lo identificamos como *el llamado*.

Y dicho llamado está integrado a nosotros. A veces lo ignoras, lo haces a un lado, pero lo cierto es que nadie llega a este planeta sin una misión. Cuando eres honesto contigo sabes que estás hecho para tal o cual tarea, trabajo, proyecto o misión. Cuando dices "esto es", fluyes y te sientes pleno; es un saber que sólo el alma entiende. Quizá sea algo que no puedes señalar con precisión pero que de manera reiterada se cruza en tu trayectoria y se revela en pequeños detalles en el contexto de tu vida: coincidencias, obligaciones, casualidades y conexiones que te encuentran. A pesar de que con frecuencia tenemos que pelear con los demonios que te dicen que tú no puedes hacer tal cosa. Como diría Rumi: "Lo que buscas, te busca."

Si acaso perdemos una relación o un trabajo y caemos en la desesperación total, pensemos que tal vez nos enfocamos en algo que no nos pertenecía o, simplemente, no era para nosotros.

Cuando renunciamos a un sueño o perseguimos uno que no es nuestro o bien, nos obsesionamos con algo o alguien y nos regimos por el "tengo que hacer o tener", nos traicionamos. Reconocemos esa deslealtad por la incomodidad soterrada y constante que produce en nuestra vida. Al sentirnos lastimados sin comprender bien a bien el porqué, recibimos una señal de que nos hemos desviado. Tu interior, tu conciencia, tu alma, no quiere ser exitosa, no quiere hacer dinero ni ser famosa, a costa de tu felicidad, lo que desea y busca es un espacio, un espacio para expandirse y te lo hace saber de maneras sutiles. Hay que estar atentos.

Una vez que te alineas con el llamado, fluyes y todo fluye.

Ojo: Si queremos salir de una circunstancia en la que la energía se contrae y no lo hacemos debido a que nos da miedo y en vez de procurar un cambio fingimos contento, traicionamos al corazón. Si tenemos la oportunidad de cambiar de ruta y, sin embargo, elegimos seguir, el daño que nos hacemos es brutal.

Lo malo es que el deseo y el ego nos llenan de temores o nos seducen para continuar a ciegas, para imitar o anhelar vidas que no nos pertenecen. Es muy alto el precio que pagamos por esos sueños adoptados sin una verdadera introspección. Al no ser conscientes de ello o no asimilarlo, la energía deja de fluir y se estanca.

Para mover dicha energía lo mejor es preguntarnos con honestidad: "¿Estoy en el camino correcto? ¿Qué tal si eso que me pasó es lo mejor que me pudo pasar?"

¿De dónde viene el llamado?

La conciencia busca crecer y desarrollarse. Es por eso que te dota de ciertas cualidades y habilidades para hacer lo que sabe, y sabes, harás muy bien. Es así como contribuyes a su desarrollo. ¿Lo has escuchado, sentido?

Ahora, el llamado no es un deseo, es más que un deseo. El llamado surge como dirían los sufies: "Del nombre de Aquel que no tiene nombre, pero aparece con cualquier nombre que lo llames" y se percibe como un algo, una energía que te jala, te impulsa y te guía hacia algo o alguien de manera insistente e inexplicable.

A veces susurra, en ocasiones se expresa de maneras sutiles, o bien, grita por dentro. La decisión de atenderlo o no, es el "ser o no ser" al que Shakespeare se refiere en *Hamlet*. "Es regresar a la raíz de la raíz de tu ser", como diría Rumi.

Cuando no lo escuchas...

El principal enemigo del llamado es el crítico interior, experto en dar todas las razones por las cuales no deberías, no podrías emprender o continuar el camino. Cuando lo ignoras, a ese impulso sobreviene una frustración soterrada, la insatisfacción o la depresión. Tu inhalar se detiene. Incluso estas señales —en apariencia negativas— se vuelven positivas, pues son la expresión del alma que anhela trascender.

Esto me recuerda al libro *De qué te arrepentirás antes de morir*, escrito por Bronnie Ware, una enfermera que trabajó años en el área de "cuidados paliativos" y cuyo trabajo consistía en acompañar a aquellos pacientes terminales que los médicos enviaban a morir a su casa durante sus últimas semanas de vida.

Cuando las personas sabían que el término de su vida era inminente, miraban con claridad y frustración la cantidad de sueños que no realizaron por temor. Uno de los cinco arrepentimientos constantes era: "Me hubiera gustado tener el valor de serme fiel, en lugar de vivir como otros esperaban que lo hiciera." Expresado también como: "¿Por qué permití que otros me gobernaran?"

Cuando lo escuchas...

Cuando decides seguir ese llamado o guía divina comprendes que es real: en el fondo sabes que debes hacer lo que te pide. Una vez en la dirección correcta, exhalas con alivio, el fuego interior se enciende y dejas de escuchar lo que otros te dicen.

Entonces todo es diferente. La vida corre por tus venas y tu cuerpo se aviva ante el llamado de una fuerza superior, como si ésta te jalara, guiara o llevara inesperadamente y con ojos tapados a hacer algo. Cuando te dejas llevar, tu mente se ilumina, se estimula y se llena de deseos.

Esta sensación, que seguramente has tenido alguna vez, es un regalo de Dios, de la vida, que te da ocasionalmente. Se asemeja a estar en un estado de gracia. Tu actitud se transforma, te vuelves más creativo, más productivo, por lo que tu comunidad, familia o trabajo se benefician y te lo agradecen.

Te comparto una historia en la que vemos cuan poderosa puede ser esa energía, cuando escuchas el llamado y haces que tu personalidad se alinee con lo que tu alma vino a servir.

A pesar de todo...

Ismael Reyes, un indocumentado mexicano que a los seis años quedó huérfano y a los 17 sin dinero y sin hablar inglés, decidido a ser alguien, cruzó la frontera para buscar una educación. Hoy es nominado al Premio Nacional de Ciencia y Tecnología tras laborar para empresas de ciberseguridad en Estados Unidos, Nueva Zelanda y Rusia, entre otras ciudades de Europa. Su historia me parece fascinante.

"Cuando tenía seis años, mis papás trabajaban en la Merced y vivíamos en un terreno como «paracaidistas», en Chiconautla, Estado de México. A mi mamá le diagnosticaron cáncer y como mi papá no podía hacerse cargo de nosotros, me dieron en adopción con una tía monja en el convento de Las Rosas, en Actopan, Jalisco." Narra Israel.

"En dos ocasiones, las monjas me dieron en adopción a dos familias, pero no me integraba a ellas, era un niño muy introvertido y callado, por lo que me regresaron al convento. A los diez años, ellas me dijeron que ya no se podían hacer cargo de mí, por lo que me fui a vivir con otras dos tías al Estado de México.

Allí entré a la secundaria en la Academia Militar, con la intención de independizarme a los 18 años y ser piloto. Me exigieron bachillerato en matemáticas y física, por lo que presenté mi examen en el IPN en la vocacional 4 de Constituyentes e ingresé.

Viví tiempos muy difíciles, pero siempre tuve ambiciones. Trabajé en la Viga de cargador de mariscos. Un vecino albañil me ayudaba a pagar mis camiones desde el estado de México, a la ciudad para estudiar. En el IPN tomaba los libros de escuela superior en inglés para estudiar fórmulas que trataba de entender, me hice autodidacta.

Quienes me educaron y me cambiaron la vida fueron mis maestros. Un profesor, Antonio Piñeiro, se dio cuenta de que tenía talento. «Ve a la embajada americana y que te hagan un examen para que te vayas a estudiar allá», me dijo. La Universidad de Louisiana me aceptó, pero me pedían ¡cinco mil dólares y el examen TOEFL! que, por supuesto, no tenía, sin embargo, supe que ese era el camino.

Conseguí sólo 300 dólares que mi tía, la monja, me dio y me fui a la central camionera para comprar mi boleto; sin visa, ni pasaporte. Llegué a Ciudad Juárez para cruzar el desierto. Nunca imaginé lo difícil que sería. Después de 28 días, llegué a Denver, pero me rechazaron en la Universidad.

¿Que qué? no podía tomar un «no» por respuesta. Le pedí a un primo que me prestara 200 dólares y me disfracé de «estudiante americano», con mochila y shorts fosforescentes. Conseguí trabajo de barrendero por las noches y ganaba 4.25 dólares la hora. Durante el día me metí de oyente en las clases. Sabía que mi talento estaba en los números.

Pasaron seis meses y un día, el director de la universidad me dijo: «Oye, yo te conozco, tú eres el mexicano al que le negué la admisión.» Ya hablaba inglés, presentaba buenos trabajos, pagaba mis impuestos, pero sentí que la sangre se me bajaba.

«Soy el barrendero de la universidad y quiero ser médico o ingeniero, no estoy haciendo nada malo. Si me dices que es un delito querer ser alguien en la vida, quien está mal eres tú.» —le dije. Me aceptó.

Estudié matemáticas aplicadas y ciencias en computación. Creer en ti y creer en los otros, es la clave para salir adelante.

El pasaporte para una mejor vida es la universidad. Siempre lo supe..."

Podemos concluir que escuchar el llamado es honrar la vida, vivirla con gratitud, generosidad y gozo; es ser fiel a ti, tener el valor de dejarte llevar por esa voz y hacer lo que en el fondo sabes es tu destino.

LA ENERGÍA DEL PLACER

El placer del placer

¿Cómo te enseñaron a ver el placer? ¿En tu familia se reprimía o se celebraba? Por ejemplo, ¿se le daba importancia a pasear o irse de vacaciones, a la buena comida, al juego y a la risa? ¿O el mensaje era que había que reprimir el deseo, la diversión y volcarse en el sacrificio como medio para ser una buena persona y agradar a Dios?

Nuestra cultura judeo-cristiana sugiere poner el placer a un lado, negarlo, controlar nuestros sentidos como signo de madurez. Además, en el camino, aparece una energía inútil que imagino como pegajosa y de color café: la culpa.

Y al sentir culpa, elimina la satisfacción de aquello que nos motiva a estar vivos a través de los cinco sentidos. Cuando reprimes el placer, el cuerpo se vuelve rígido y se desconecta del mundo exterior, estoy segura que conoces a alguien así. Y todo aquello que es rígido, en general suele ser más frágil y quebradizo. Además, un sistema que es quebradizo, por instinto, se cierra para protegerse. De esta manera, la energía de la vida se contrae, se atora, no fluye. Y... de nada sirve.

No sólo eso, cuando te cierras al placer te niegas, rechazas el poder de la vida y su potencial, pierdes la habilidad de encausar tu camino por el sendero que te proporciona paz y te lleva a sentirte pleno. Sobreviene la sensación constante de que te falta algo para sentirte contento, sin que puedas apuntar bien a bien de qué se trata.

Un don de la vida

Partamos del hecho de que el placer es una energía también, un don de la vida, un poder biológicamente natural cuyo fin es invitarnos a la procreación, al gozo y al desarrollo.

La vida busca experimentarse a través del placer. Es parte integral de los seres humanos, una habilidad más para despertar la conciencia, vivir y transformar el mundo. Ir hacia él te abre, te expande, te conecta con tu propia esencia para regresar a la vida lo que ésta necesita de ti y de cada uno de nosotros. Además, es tan benéfico y necesario para vivir como el alimento y el aire.

Lo interesante es que disfrutar el placer te cimbra y conecta con el todo; sin embargo, para que eso suceda, te exige estar presente y valorar tus sentidos, los cuales te permiten recrearte con la experiencia y sentirte vivo; te invita a relajarte, a enfrentar el estrés y a ser receptivo a nuevas ideas.

Si algo o alguien te es placentero, es muy probable que desees explorar más esa relación, moverte hacia ella, hacerla parte de tu vida; puede ser desde un trabajo o un lugar hasta una persona ¿cierto? Y si estás sano, cualquier experiencia que genere incomodidad o dolor te llevará a evitarla.

Sin embargo, ¡ojo!, el cerebro está programado para poner más atención a aquello que te causa dolor antes que a aquello que te da éxtasis. Increíble, ¿no?

"Desafortunadamente, el cerebro humano tiene una pequeña rareza —comentan Robert Waldman y Chris Manning, en su libro *Neuro Wisdom*—, apenas registra las experiencias

placenteras y, en cambio, hace mucho énfasis en cada pequeño desagrado."

Cuando te dejas llevar y te enfocas en aquello que te de-
prime o preocupa, al instante todo el proceso de motivación,
recarga y el sistema de recompensa, se desactiva. Y desde ese
lugar, la vida se vuelve gris.

En cambio, cuando lo dejas fluir con libertad, el cuerpo, el
espíritu y la mente se cargan de energía. Los placeres munda-
nos también cuentan. Decía Ciorán, algo que me causa gracia y es muy cierto: "Nadie puede pensar lo mismo después
de haber disfrutado de una buena comida", así de simple. Por
otro lado, la doctora Christiane Northrup afirma: "La bioquímica del placer puede contrarrestar la bioquímica del enve-
jecimiento." Es por ello que, para co-crear tu vida, es indis-
pensable enfocar tu atención en todo aquello —lo superficial
y lo profundo— que te proporciona placer y bienestar. Todos
nutren si se disfrutan de forma consciente.

¿Un camino de crecimiento?

¿Qué pasaría si eligieras vivir desde el poder del placer? del
placer con conciencia y hacerlo un camino de crecimiento.

Imagina, por ejemplo, ¿qué sucede cuando los riñones no
funcionan, los pulmones o el estómago fallan? De inmediato
nos sentimos mal y peligra nuestra vida. ¿Te das cuenta? El
simple hecho de que el cuerpo funcione en equilibrio ¡es ya un
gozo! Comienza entonces con la habilidad de recibir y apreciar
el placer de que tu cuerpo funcione a la perfección y la gama
completa de agasajos que dan los cinco sentidos. Aprecia el
placer de las imágenes, las fragancias, las caricias y la escucha;
cada sentido encierra un mundo infinito.

Cuando valoras el placer, es porque estas presente, entonces notas los colores, las texturas, el aire y los tonos de la

naturaleza. Cuando te das permiso de disfrutar todo lo que la vida te procura, surge la gratitud y descubres que tienes más que ofrecer de lo que habías imaginado.

Libera dopamina, oxitocina

Por otro lado, cuando se estudia a las personas altamente exitosas, se comprueba que tienen una cosa en común: aman profundamente lo que hacen; les proporciona placer.

Si quieres sentir placer de inmediato, te invito a hacer el ejercicio que a continuación te comparto:

Escribe cinco actividades que te hayan dado un enorme placer en el pasado. Ahora cierra los ojos y visualiza uno de esos recuerdos placenteros y revívelo una vez más. Disfruta cada detalle de la experiencia. ¿Lo sientes? Observa tu cuerpo y estado de ánimo. Acabas de estimular el centro de recompensa de tu cerebro, y esto lo despierta, lo recarga y lo motiva por completo.

Siempre he pensado que el cielo es un estado mental y que podemos crearlo aquí en la Tierra; incluso, esa es nuestra responsabilidad.

Al recordar, procurar o crear momentos placenteros, tu cerebro libera dopamina y oxitocina, hormonas del bienestar que te mantienen enfocado con claridad mental y regulan los pensamientos negativos, así como a mejorar el aprendizaje. Además, te hace feliz y a los que viven o trabajan contigo también. ¿Vale la pena, no?

Un poco de precaución...

Una de las cosas que más placer le provocan al cerebro se reduce a una palabra: lo *nuevo*. La novedad es uno de los motivadores más grandes que tenemos en la vida. De hecho, cuando tu cerebro explora el mundo, lo que investiga es si es nuevo o si es seductor. ¿Huele, se ve o sabe interesante? ¿Me hace sentir bien o promete placer? Este dato los mercadólogos lo dominan y gracias a él siembran en nuestra mente, de manera constante, el deseo de compra mediante la publicidad.

Lo interesante —y amenazante— es que la novedad no sólo se aplica a objetos sino a nuestras relaciones personales. El cerebro buscará asociarse con personas que exhiban cualidades que prometan satisfacción o una futura recompensa. Así que para tener relaciones a largo plazo renuévate, involúcrate en actividades nuevas, explora otros niveles de intimidad y experimenta con nuevas formas de convivencia y comunicación.

Recuerda que el placer es una energía que te motivará a moverte hacia tu objeto —o persona— que deseas, y cualquier experiencia que genere incomodidad o dolor te llevará a que lo evites. Esto lo hace por instinto todo ser vivo con un sistema nervioso.

Pero vayamos con cautela, porque si sobreestimulamos el centro de recompensa, viviremos en un anhelo ambicioso que se puede transformar en ansiedad compulsiva. Es decir, demasiado placer —sin conciencia— te lleva a la impulsividad y la impulsividad te puede desviar de las verdaderas metas en tu vida.

Un camino de conciencia

Ahora, bien, ¿por qué el placer podría ser un camino de conciencia? Porque es una puerta que nos trae al presente, a la gratitud. Todos olvidamos con mayor o menor frecuencia gozar el momento, pero hay quienes lo convierten en una forma de vida. Se olvidan de disfrutar hasta del mismo hecho de vivir y lo vemos en su rostro, en su carácter, en su trabajo; son personas a las que les cuesta reír, viven de mal humor, con cara de indigestión permanente.

¿No será que la razón por la que tenemos hambre de placer se debe a la falta de gratitud que tenemos hacia la vida? ¿A un vivir desconectados? ¿Desconectados a lo que tu cuerpo te dice, a lo que tu corazón grita, a una espiritualidad capaz de darte un sostén interno; a algo más grande y superior?

Por lo tanto, es importante que articules y comprendas qué es lo que te da placer y así regalarle a la vida tu ejemplo, tu actitud y tu pasión a través de lo que disfrutas hacer.

Te invito a que, con cada pequeño placer disfrutado, pronuncies un "gracias". Como diría Rumi: "Quítate del camino y permite que tu gozo tenga más espacio."

LA ENERGÍA DE LA ORACIÓN

"No hay que comprender a Dios ni considerarlo como algo ajeno a mí...
A veces la gente se imagina que deberían ver a Dios como si estuviera allá y
ellos aquí. Pero esto no es así. Dios y yo somos uno."

MEISTER ECKART

—

Orar: una necesidad

Tú ¿oras? La necesidad de orar es común a todos los seres humanos. A lo largo de la historia, sin importar la época, la cultura o el tipo de religión, la oración ha sido una manera de acompañar la tristeza y la felicidad, de nutrir las celebraciones o sobrellevar la pérdida de un ser querido. Desde niños nos enseñaron a orar y al hacerlo nos sentíamos bien, aunque repitiéramos como tarabilla la oración. Es por eso que ahora, de adultos, algunos quizá con más conciencia, oramos en las iglesias, en los templos, en la calle o en la naturaleza, a solas o en conjunto. Para algunos es parte de una rutina diaria, para otros, es algo a lo cual recurrir ante una emergencia.

Sin importar la religión o no religión, la oración crea una energía que nos regresa al origen, nos conecta con la energía divina que llamamos Dios, Inteligencia divina, Alá, Buda, Fuente creadora o como queramos nombrarla. Hay muchas formas de orar: en silencio, con cantos, con música que nos transporta, con el baile al ritmo de tambores que despierta nuestras fibras internas, con la gratitud, con un ritual, al meditar, en un abrazo, al apreciar la naturaleza y su gran sabiduría. ¡Vaya! cocinar con amor para la familia es también otra forma de orar. La oración no es sólo algo que hacemos, también es algo que somos, es una actitud ante la vida.

Gracias a la ciencia sabemos algo acerca del poder de la oración. Cuando oramos, nuestra mente se calma, nos sentimos en paz y contentos; además creamos una fuente de energía que puede ayudarnos cuando padecemos alguna enfermedad o se trata de un ser querido. Cuando somos capaces de producir esa energía de compasión amorosa en el corazón, nuestro cuerpo y mente sana. Sólo entonces es que nuestra energía puede sanar el cuerpo y la mente de nuestros seres queridos.

Me fascina compartir que más de 200 experimentos controlados en humanos, plantas, animales y en microbios sugieren que las oraciones amorosas, compasivas y la intención de una persona pueden afectar a un individuo u objeto a grandes distancias, tal como algunos de nosotros comprobamos.

De alguna manera, la mente al orar en comunidad forma una unidad, una "mente común" que, a su vez, se une con esa gran Fuente Creadora. En verdad funciona. Es como si en el gran océano tomáramos una taza y la llenáramos con un poco de su agua. La taza es nuestro cuerpo físico, el agua es nuestra esencia que se compone de la misma sustancia de Dios: fuimos hechos a su imagen y semejanza ¿no?

Es así que al orar sentimos esa elevación, comunión universal, ilimitada e infinita que es nuestra verdadera fuerza. Cuando desde ese lugar moldeamos vida y trabajo, la energía tiene la impronta de la Totalidad.

Lo único que la oración requiere para manifestar su poder es practicarla con fe, compasión y amor; porque esos elementos son parte de la energía que más nos conecta. De otra manera es como si intentáramos hacer una llamada con un celular sin pila.

La energía de cualquier tipo de oración, como toda energía, provoca un cambio. Así como gracias a la energía del sol, del agua, del viento y de la tierra, podemos generar cambios, alimento y vida en el planeta, nuestra oración también crea cambios muy favorables y benéficos tanto para el que ora como para quién se ora. No lo dudes.

Una muy buena manera de orar es agradecer. El agradecimiento es mucho mejor recibido y honroso que la petición. Una petición se hace desde la carencia, y pienso que Dios se harta de escuchar tantos ruegos sin ningún reconocimiento a lo que sí nos ha dado. Por eso no tiene ninguna energía creadora; en cambio, agradecer desde el corazón hasta el más mínimo detalle es lo que más le gusta a Dios, al Universo, y por lo que pueden mover el mundo.

Cada vez que unimos nuestras manos en señal de oración y respeto a la Divinidad también creamos una petición para bucear en lo profundo y contactar con una parte luminosa de nosotros que reside en el corazón. El cual es, sin duda, una maravillosa fuente de energía.

Me gusta la frase de mi poeta místico favorito, Rumi, para llevar a cabo después de orar:

"Ahora silencio. Permite que el creador hable. Él hizo la puerta, el cerrojo y él hizo la llave."

Puntos para recordar
1. La única persona que te puede dar aquello que buscas, eres tú.
2. Detente. Saborea cada instante y sintoniza con el ritmo y la energía de la naturaleza.
3. Respira, respira, respira de manera consciente. Haz de la respiración tu compañera constante.

4. Respeta tus propios ritmos internos; no te dejes llevar por los ritmos ajenos.

5. Ten el valor de elegir no actuar y tomar las cosas con calma cuando sea necesario.

6. Imita a la naturaleza, observa y aprende su tiempo, su forma y su ritmo, sin prisas.

7. ¿Cuál es tu deseo profundo, lo has identificado?

8. Cuando haces las paces con lo que eres, con lo que es, con lo que hay, eres libre; agradeces y honras lo que sí tienes.

9. Ten presente el concepto de los sufíes para obtener la paz: da lo mejor de ti en todo lo que hagas, sin importar el resultado.

10. Pregúntate con honestidad ¿Estoy en el camino correcto?

11. Escuchar tu llamado es honrar la vida.

12. Al cerebro le gusta la novedad, incluido nuestras relaciones. Renuévate, involúcrate en actividades nuevas, explora otros niveles de intimidad.

13. Haz la práctica de recordar momentos placenteros en tu vida, así liberas hormonas de bienestar.

14. Ora de la manera en que tú sientas una comunicación con Dios o Poder superior.

2

ENERGÍA
física

LA ENERGÍA VITAL: *EL CHI*

"Si nos fuéramos a la raíz del sufrimiento físico y emocional a nivel celular, encontraríamos que es el resultado de una reducción de oxígeno."

DOCTOR ARTHUR GUYTON

—

Al inicio del libro te mencioné el *chi, qi, prana* o fuerza de vida, la energía vital que las culturas orientales, desde tiempos remotos, aprenden a cultivar de manera excepcional, a través de años de estudios, práctica y disciplina. Y como dicha energía forma parte de tu vida cotidiana, mi deseo es que te vuelvas consciente de ella, que la comprendas, que la utilices, para mejorar, desde tu salud, hasta tus relaciones.

Llama la atención que, en la película *Los Vengadores,* los súper héroes buscan y defienden un cubo de energía capaz de alterar la faz del planeta. Y que el centro de la trama gire precisamente en torno a este elemento tan básico y poco apreciado en nuestra modernidad, pero muy poderoso: la energía vital.

En la película, cada súper héroe posee una fuente diferente de poder: un escudo, un martillo, una lanza, un traje o un arco y flecha. Sin dichos elementos, esos titanes se convierten en simples mortales.

Lo curioso es que los seres humanos con frecuencia olvidamos que tenemos a nuestro alcance esa poderosa fuerza dada por la energía vital y sin necesidad de aditamentos. Está en nosotros y nos llena de poder y de salud. De hecho, la medicina china se basa en el equilibrio de esa fuerza vital, balance que en Occidente llamamos "homeostasis".

El *chi* es la sustancia primordial, similar a la energía electromagnética, que hace girar al mundo y mueve todo aquello que está vivo. Cultivarlo y usarlo a nuestro favor, es la base de las artes marciales. Es lo que da sustento a todas las cosas una vez que son creadas. Basta aquietarnos, cerrar los ojos y enviar nuestra atención a cualquier parte del cuerpo para comprobarlo.

Otra forma de percibir el *chi* es la siguiente: relájate y abre las manos como si en medio sostuvieras una esfera de cristal muy delicada. Ahora, lentamente, redúcela de tamaño. Antes de que las manos se toquen, crece la esfera una vez más. Con los ojos cerrados continúa este procedimiento y concéntrate en lo que percibes entre las manos.

Esta energía o *chi* es la clave para la salud. Entre más te relajas, más la percibes. El asunto es que cualquier tensión en el cuerpo bloquea el flujo de energía y crea un desbalance en el sistema.

Te invito, querido lector, a que te examines en un día de trabajo. Es probable que pases varias horas encorvado sobre una computadora, mientras diversas preocupaciones ocupan tu mente. La tensión que se crea en el cuello, los hombros y la espalda es suficiente para bloquear el flujo de la energía vital en tu cuerpo. Así, el desbalance comienza. En lo primero que se manifiesta es en las emociones y los sentimientos, es decir, en cómo te sientes. Después, en la salud física.

Cuando mentalmente podemos mover el *chi* por esos puntos de bloqueo, aprendemos a liberar las tensiones. Te invito a hacer la prueba.

¿Cómo desarrollar el *chi*?

Relaja todo tu cuerpo y coloca la lengua en el paladar detrás de los dientes. Ahora inhala y exhala varias veces de manera lenta, rítmica y profunda. No hay prisa.

Ejercicio

Los chinos dicen: primero la mente, después el *chi* y después la sangre. ¿Cómo funcionan estas premisas? Al pensar en una parte de tu cuerpo, el *chi* comienza a fluir de manera consciente. Una vez que el *chi* fluye, la sangre lo sigue.

Ahora, sentado en una silla o sillón, con los pies en el suelo, coloca tus manos dos dedos debajo del ombligo, en la zona conocida como la del *dan tien*. Si eres hombre, pon la mano izquierda pegada a la piel y la derecha sobre ella. Si eres mujer, la derecha sobre la piel y la izquierda encima. Comienza a sentir el flujo del *chi* por todo tu cuerpo.

En esta postura diriges el *chi* al *dan tien*, el principal almacén de energía en el cuerpo. Esto lo tonifica, nutre los riñones y ayuda a reducir la ansiedad y a calmarte.

Conforme más trabajas tu *chi*, más se desarrolla. Si eres constante, pronto, al igual que los súper héroes, obtendrás tu fuente de poder.

Lo que eleva tu energía física... de inmediato

Si bien hacer ejercicio, hidratarte, desayunar, dormir suficiente, agradecer todo lo que la vida te da o tomar cafeína en la mañana son prácticas que proporcionan energía, hoy quiero compartirte otra manera inmediata, infalible y natural de obtenerla cuando escasea.

Los rusos y los chinos lo han hecho durante siglos para fortalecer el sistema inmunológico, los atletas del mundo entero lo realizan por sus muchos beneficios y la ciencia también lo apoya. Se trata de exponerte a una dosis de estrés para fortalecerte: a tu cuerpo, a tu mente, a tu resiliencia y a tu voluntad. Es una pequeña decisión que te empodera para el resto del día ¿Cuál es? Bañarse con agua fría.

¡Espera, espera! antes de que avientes el libro, te invito a leer lo que sigue para que lo reconsideres. Se inicia de manera gradual y te aseguro que lo amarás y lo convertirás en un hábito. Un pequeño acto de valor al iniciar el día, te dará valor para enfrentar lo que sea. Stephen Covey decía: "Sólo quien es capaz de vencer pequeñas batallas personales, podrá vencer grandes batallas públicas", y me parece muy cierto. Así es como nace y se cultiva cualquier valor: poco a poco pero de manera constante. Y aunque una ducha te parezca ajena a tus retos cotidianos, verás cuánto te vigoriza.

Los beneficios:
- Fortalece tu sistema inmunológico.
- Reduce la inflamación a nivel celular.
- Aumenta la producción de hormonas del bienestar.
- Mejora la circulación.
- Acelera el metabolismo.
- Alivia la depresión.
- Ayuda a sanar las lesiones provocadas por el ejercicio.
- Reduce los dolores musculares y la fatiga.
- Mejora la salud del cuero cabelludo.
- Mejora la calidad del sueño.

Un estudio conducido por el Thrombosis Research Institute mostró que las personas que toman una ducha de agua fría a diario tienen un número significativamente mayor de células blancas, que otras personas que no lo hacen. Las células blancas, como sabes, son las que combaten las enfermedades.

Asimismo, los investigadores declararon que, al bañarse con agua fría por las mañanas, el ritmo del metabolismo, durante y después de la ducha, aumentó para mantener el cuerpo en su temperatura regular. De la misma manera, el sistema inmunológico se activó, lo que resultó en una mayor producción de glóbulos blancos. Este estudio indica que exponernos al agua fría tonifica el sistema inmunológico.

1, 2, 3....

Cabe aclarar que esta pequeña dosis de estrés diaria, como cualquier estresor, debe manejarse de manera paulatina y adecuada para que te fortalezca y no te perjudique. Sólo evita practicarlo en las noches, por la cantidad de energía que genera. A continuación, te comparto cómo es la mejor forma de hacerlo:

1. Báñate en la ducha a temperatura normal, como a diario sueles hacerlo.
2. Si es posible, escucha música con un ritmo que te anime.
3. Inhala y exhala 10 veces de manera lenta y profunda, y mantén tu enfoque en la respiración.
4. Luego baja la temperatura del agua hasta que esté fría por completo. Quizá sientas que hiperventilas, es normal. Sólo enfócate en inhalar y exhalar despacio.
5. Permanece en el agua fría durante al menos 10 segundos y poco a poco aumenta el tiempo hasta llegar al minuto completo. Verás cómo entonces sí despiertas por completo. ¡Disfruta el momento!
6. Celebra tu pequeña victoria. Levanta los brazos y exhala todo el aire. Esto dispara el sistema de recompensa en el cerebro, lo que te ayudará a mantener el hábito.

¿Cómo te sientes el resto del día? Te invito a averiguarlo.

Masajea tu fascia y libera emociones

Con un poco de ansiedad esperaba acostada sobre la camilla. El terapeuta entró a la cabina para darme un masaje. No se trataba de un masaje para bajar de peso o de uno relajante. Como parte de un paquete de desintoxicación en una clínica se incluía un masaje emocional. "¿El masaje de las emociones? ¿Cómo será?", me pregunté.

El terapeuta manipulaba mis brazos y, sin más, se concentró en un punto del antebrazo, el cual me dolía cuando hacía presión. Entonces sin soltar, me preguntó sobre algún problema o pérdida de un ser querido masculino, debido al sitio del cuerpo en que se encontraba el dolor. ¿En serio? Al instante me vino a la mente mi padre, quien falleció hace cuatro años y con el que tuve una relación muy estrecha.

Para mi asombro, las lágrimas surgieron sin avisar o pedir permiso. ¿Cómo podía llorar con un señor que ni conocía y que me daba el masaje hacía sólo cinco minutos? Mi parte racional interrumpía el desahogo. Sin soltar el punto de dolor, la voz del terapeuta lanzó otra pregunta: "¿Se pudo despedir de él al fallecer?" Y el llanto se volvió incontrolable. Cuando mi padre murió me encontraba de viaje, así que llegué a la mañana siguiente a darle un beso, cuando ya había muerto. La presión del terapeuta en el lugar adecuado había liberado la energía bloqueada. ¿Pero, cómo y por qué se lograba esto?

En la fascia está el secreto

La fascia es una membrana delgada, un tejido conectivo que recubre todos los músculos, huesos, tendones, órganos y células del cuerpo, y conecta todo con todo. Es lo que nos mantiene en pie y a cada órgano en su lugar. De hecho, en ella reside el secreto de un buen porte, incide en el tono muscular, ayuda a liberar energía, a drenar y a eliminar los desechos a través de la linfa.

Antes se pensaba que esta membrana era un órgano pasivo, sin embargo, hoy se sabe que está compuesta por colágeno, elastina y diferentes células y agua, por lo que sirve como lubricante, pues permite que los paquetes musculares se deslicen unos sobre otros sin lastimarse.

Además, la fascia conduce electricidad a través de las moléculas de agua que están encima de las de colágeno y actúan como cristales líquidos que reciben y envían energía e información. ¿Me sigues?

Sin duda, el cuerpo es un refugio para las emociones, para las tensiones, sentimientos y gozos. Cuando te aparecen dolorcitos de la nada, es probable que sea la fascia la que se tensa, contrae y acorta al acumular y enterrar emociones, recuerdos y traumas del pasado. De la misma manera, se vuelve densa y rígida como resultado de daños físicos o cicatrices causadas por estrés de tipo físico, emocional y mental. ¿Te das cuenta de lo importante que es?

Para los masajistas, terapeutas o instructores de yoga no es extraño que sus pacientes y alumnos se suelten a llorar a mitad del tratamiento o la clase.

La buena noticia es que esa energía atrapada se libera a través de estiramientos, la práctica de yoga y la estimulación de los meridianos, ya sea con acupuntura o masajes.

¿Has visto esa especie de tela delgadita y transparente que vemos en la carne o en el pollo cuando está cruda? Pues esa es la fascia. Imagina un algodón de azúcar esponjado, para comerlo tomas un pequeño pedazo entre tus dedos y lo separas del resto. Eso mismo sucede con tu fascia cuando estiras tu cuerpo o te dan un masaje especial. Dicha separación libera la energía atrapada, si lo haces de manera regular mantienes el flujo de la energía. Incluso un masaje de pies ayuda a que la energía en todo tu cuerpo fluya mejor.

Por lo pronto, es un hecho que salí del masaje emocional más ligera y liberada. Te invito a probarlo...

Lo que te hace sentir de maravilla

Si existiera una pastilla para mejorar todo, nuestra salud, nuestro ánimo, nuestro aspecto, nuestra energía, nuestra fuerza y demás, nos la arrebataríamos ¿cierto?

Pues si tomas con frecuencia dicho medicamento, vivirás una vida más sana y más larga. Tiene resultados medibles y casi inmediatos, además del poder de restaurar, reparar, lubricar coyunturas, mantenerte joven a nivel celular, reducir la inflamación y hacerte sentir de maravilla. ¿Cuál es esa medicina? El ejercicio. No podemos hablar de maneras para incrementar la energía, sin mencionarlo.

Durante siglos, los médicos, investigadores, científicos, aun los filósofos clásicos, han recomendado el ejercicio como el factor que cambia la jugada por completo en nuestras vidas, la diferencia es que en la actualidad se tienen las pruebas.

Sí, ya sé que lo sabes, sin embargo, quizá no seas del todo consciente de los nuevos estudios que lo comprueban. Ahora que, si ya lo practicas de manera regular, sáltate este apartado; si no, en verdad te invito a leerlo.

Es un hecho que la tecnología —en todas las edades— nos amarra a los sillones, a las sillas y a las camas. Hoy se considera...

Sentarse, la nueva forma de fumar

Hace cien años nos movíamos mucho más, ¿cierto? En el campo, en las fábricas, en la casa y, en general, se caminaba mucho. En cambio, hoy permanecemos sentados frente a una pantalla la mayor parte del día, para luego llegar a la casa y sentarnos de nuevo a seguir conectados a otra pantalla.

Sí, pocas cosas empeoran tanto la salud como la inmovilidad y nada más efectivo para mejorarla que moverte. Esto beneficia al cuerpo entero, incluyendo al cerebro.

La enfermedad no aparece de la nada. Se desarrolla a través de pequeños pecados en contra de la Naturaleza. Cuando se acumulan los suficientes, la enfermedad aparecerá repentinamente. "La mejor medicina es enseñarle a la gente cómo no necesitarla", decía Hipócrates 400 a.C.

En un estudio reciente, publicado en la revista médica *Medicine & Science in Sports & Exercise*, los investigadores examinaron a 10 pares de gemelos en sus treintas. Cada gemelo era muy similar a su hermano, desde el ADN hasta en los hábitos alimenticios. La única diferencia es que uno practicaba ejercicio durante su vida adulta y el otro no.

Los hermanos sedentarios desarrollaron resistencia insulínica —un precursor de la diabetes—, tenían más grasa corporal, menos fortaleza y, lo más asombroso, menos materia gris en la región responsable del control motor y la coordinación.

El cambio es notorio

Con el ejercicio:

- El cuerpo ensancha los canales de distribución de oxígeno, incluso crea nuevos donde no los había y una mejor red, que se compone de 96 560 kilómetros.
- Los huesos se fortalecen, los cartílagos y las vértebras también.
- Los órganos despiertan para trabajar de manera más eficiente.
- Los músculos que se mueven tienen 200 veces mejor circulación que aquellos que permanecen en reposo. Esto significa que sus respectivas células estarán 200 veces mejor irrigadas y nutridas de oxígeno, lo que aumenta su energía y capacidad de eliminar toxinas 200 veces más rápido.

A mayor movimiento del cuerpo, mejor movimiento de fluidos en el interior, por lo tanto, mayor salud, belleza y bienestar. Suena lógico ¿no?

¿Cardio o fuerza?

"Debes hacer una combinación de ejercicio aeróbico con fuerza muscular", según Cedric Bryant, director del American Council on Exercise. "Lo aeróbico quema calorías que de otra manera se almacenan como kilos extra, mientras el esfuerzo muscular —como el que se hace con el yoga, los pilates o los ejercicios de resistencia— construye y mantiene la masa muscular que se pierde con la edad, dispara y acelera el metabolismo, aun durante la menopausia."

Además, recuerda que hoy en día lo sexy, lo atractivo, es estar en forma. No me refiero a musculoso o musculosa exagerada de gimnasio, para nada; sino a que cuando alguien te tome del brazo lo sienta firme, trabajado, porque es signo de que así está todo tu cuerpo. Y sentir tu cuerpo así es otra manera de alimentar tu energía.

¿Cuánto tiempo?

El Centro para el Control de Enfermedades y Prevención, en Estados Unidos, y la Organización Mundial de la Salud recomiendan, a la mayoría de los adultos, practicar 150 minutos a la semana (dos horas y media) de ejercicio aeróbico "moderado-intenso" y fortalecer los músculos con pesas dos veces por semana.

Todos los deportes sirven, hasta caminar con paso acelerado, jugar con los niños, sacar a caminar al perro, cargar bolsas pesadas del súper y la jardinería. Puedes practicar estas actividades mínimo 10 minutos al día y repartir el tiempo en la semana como prefieras, el caso es que te muevas.

Alimenta a tus mitocondrias

Conócelas, cada vez escucharás más y más acerca de ellas en el mundo nutricional; son vitales. Dentro de todas y cada una de las células tenemos pequeñas fabriquitas que se llaman "mitocondrias". Son como unos gusanitos que recogen las calorías que consumes, las combinan con oxígeno y las convierten en energía para todo el cuerpo: son importantísimas.

Las mitocondrias son sumamente sensibles a los nutrientes que reciben, al desequilibrio hormonal y a la inflamación; así que una excelente forma de tener más energía, es consumir de cinco a doce raciones de frutas y verduras al día, ricas en pigmentos de color —verde oscuro, amarillo, rojo, naranja, azul y morado—, mismas que son nuestra principal fuente de antioxidantes.

Recuerda que todo es vibración, aunque en apariencia parece sólido. Es por eso que creemos que ingerimos alimentos, pero en realidad lo que comemos es información bajo cierto patrón de energía vibratoria. Nuestro cuerpo es vibración y lo que lo alimenta también lo es. Como tu cuerpo está en constante reparación, aunque no te percates de ello, necesitas darle energía de buena calidad.

Al consumir frutas y verduras, tu energía aumenta, tu piel se hidrata y se limpia, evitas así el "hambre falsa" que se presenta cuando no consumes suficiente agua. Tu sistema inmunológico se fortalece, el hígado se desintoxica y mil beneficios más. El proceso de la digestión es de los más complicados que tenemos y se realiza varias veces al día. Cuando esto sucede, el cuerpo detiene el proceso de sanación. Entonces, cuando comes alimentos fáciles de digerir, tu cuerpo tiene más energía para defenderse de patógenos, reconstruir tejidos y desintoxicarse. Pero se debilita si le das alcohol en exceso, azúcar, comida enlatada, procesada o llena de químicos.

Como éste no es un libro de nutrición, sólo te recomiendo cinco cosas muy importantes:

1. Come despacio.
2. Mastica muy bien cada bocado —hasta hacerlo como papilla de bebé— para ayudar a tu sistema digestivo a producir las encimas adecuadas (que son como las tijeritas que cortan las moléculas), esto le permite absorber los nutrientes y facilitar tu digestión.
3. Evita tomar agua con las comidas, esto diluye los jugos gástricos. Toma mucha agua, pero media hora antes y después de los alimentos.
4. Evita los alimentos crudos o muy pesados durante la cena.
5. Procura que 75 por ciento de tu plato consista en verduras y el 25 restante, en proteína. Eso hará un ambiente alcalino en tu tracto digestivo, lo cual favorece —como no te imaginas— a tu salud.

Es un hecho que hacer ejercicio y alimentarte bien, son temas de conciencia y de amor hacia ti que transforman tu vida.

Apapacha a tus huéspedes internos

¿Sabías que entre 70 y 80 por ciento de la salud de tu sistema inmunológico se encuentra en tu tracto gastrointestinal? ¿Cómo fortalecerlo si afecta tanto el bienestar físico, mental y emocional?

Partamos del hecho de que el sistema digestivo, además de ser una gran fábrica de químicos que ayudan a digerir los alimentos, a producir vitaminas, regular hormonas, expulsar toxinas, producir sustancias que alivian y mantienen sana la digestión, también es un hotel de lujo para casi un kilo y medio de bacterias buenas de diferentes especies, mismas que son vitales para el buen funcionamiento de todo el organismo. Por lo tanto, es fundamental tenerlas bien alimentadas para evitar que las bacterias malas las superen en número. ¿Cómo?

a) **Lo primero que hay que eliminar es el azúcar**, pues es el alimento más amado por las bacterias malas, en especial los azúcares que provienen de carbohidratos refinados o productos procesados; por el contrario, lo que más detestan son los alimentos ricos en fibra, las grasas sanas y las proteínas.

b) **Aumenta el consumo de alimentos fermentados**, como el kéfir —contiene entre 10 y 34 sepas de probióticos—, el sauerkraut, la kombucha y el miso —tan utilizados en la comida japonesa— o el yogurt orgánico o bien hecho en casa y sin endulzar.

c) **Evita el consumo de embutidos**.

d) **Procura que 75 por ciento de tu plato** esté compuesto por alimentos altos en fibra, como vegetales de todo tipo de colores, en especial los de hoja verde, como ya lo mencioné.

e) **Incrementa el consumo de**: manzanas, espárragos, plátanos, ajo, jícama, toronja, betabel, cebolla, pistaches y habas.

f) **Consume grasas sanas y ácidos grasos,** como aguacate, semillas, aceite de oliva, aceitunas, almendras, pescados con alto contenido de ácidos grasos como salmón, sardina, atún y demás.

g) **Agrega a tu alimentación aceite de coco** que ayuda al proceso antiinflamatorio y a bajar de peso debido a sus grasas de cadena media.

h) **Consume probióticos en suplemento**, los cuales ayudan a disminuir la inflamación en las paredes de sistema digestivo y apoyan la reproducción de las bacterias benéficas. Los encuentras líquidos, en polvo o pastillas.

¿Qué son los probióticos?

Los probióticos son microorganismos vivos, bacterias "buenas" que ayudan a tratar o a prevenir algunas enfermedades. Se encuentran en las paredes de los intestinos, lo que impide que las bacterias malas se asienten; contribuyen a mantener el sistema digestivo sano, a absorber los nutrientes y a movilizar la comida. La palabra viene del griego *pro* que significa "promotor" y *biótico* que significa "vida". Imagina que funcionan como soldados guardianes que impiden que las bacterias entren y te hagan daño. Se recomienda consumirlos después de ingerir antibióticos, ya que estos hacen que la flora bacterial se comprometa.

Hay muchos tipos o cepas de probióticos. La mayoría es de la variedad *Lactobacillus,* que es la más común, y *Bifidobacterium.* El *Lactobacillus acidophilus*, como lo mencionamos, se encuentra en el yogurt y en los productos fermentados o de soya. Es importante variar las cepas para obtener toda la gama de beneficios.

Como verás, cultivar un sistema digestivo sano es lo mejor para fortalecer tu sistema inmunológico. Te invito a dar un buen trato a tus huéspedes internos, de los cuales dependen otros sistemas. Sólo es cuestión de seguir estos consejos que los expertos nos dan y de poner un poco de atención y conciencia en tu estilo de vida, vale la pena.

El hábito menos valorado de salud: dormir

Nos convertimos en una sociedad de desvelados. De acuerdo con el Center for Disease Control and Prevention, en Estados

Unidos, entre 50 y 70 millones de adultos, en ese país, pade-
cen algún tipo de desorden del sueño. De hecho, se ha convertido en un problema de salud pública. Imagino que en nuestro
país no es diferente, basta platicar con cualquier persona sobre el tema.

Sucede que, cuando el tiempo no nos alcanza —algo muy
frecuente— hacemos negociaciones mentales del tipo: "¿A
quién le puedo robar horas durante el día sin que proteste?
¿A mi trabajo, mis estudios? Me corren, no puedo. ¿A mi familia, pareja, amigos, hijos? Tampoco, de inmediato me recla-
marían; ¿A mi ejercicio? No, me encanta, además lo necesito.
¡Ah, ya sé! Le puedo robar tiempo a lo único que no protesta:
el sueño." ¿Cierto? Si bien el sueño no protesta, sí cobra una
factura muy alta.

Los estragos que las escasas horas de sueño cobran en
nuestra salud se acumulan con los días; mas necios como somos los seres humanos, tenemos que pasar por una crisis de
salud para revalorar lo que es importante. El doctor Michael
Rozen, jefe de la Cleveland Clinic para el bienestar, comenta:
"Dormir es el hábito menos valorado de salud", prácticamen-
te todo en nuestra vida mejora con el simple hecho de dormir
ocho horas.

Mientras dormimos, los billones de conexiones neuronales del cortex cerebral, se encogen. ¿Lo sabías? Esto permite
al cerebro recalibrarse, ordenarse, limpiarse cada noche para
dejar espacio a la nueva información, que llegará a la mañana
siguiente, según la revista Science.

Sin embargo, lo irónico es que hacemos del dormir poco un
símbolo de ser muy trabajadores: "Yo sólo necesito cinco horas de sueño", presumimos, cuando la mayoría de los errores
que el ser humano comete se deben a un exceso de cansancio.
¿No es el colmo?

No existen los atletas de sueño

"No existen los atletas o los héroes de sueño, el cuerpo humano no se entrena para necesitar menos horas de descanso", comenta el investigador Rollin McCraty, autor de *Science of the Heart*, "nuestro organismo necesita entre siete y nueve horas de sueño para funcionar adecuadamente".

Cuando nuestra batería interna no puede recargarse —al igual que un celular— nuestra memoria, nuestros juicios y nuestras decisiones se afectan seriamente.

Nueve, siete, cinco, tres

En un experimento que se realizó en Walter Reed Army Instiute of Research, se dividió a un grupo de soldados en cuatro grupos. A cada grupo se le permitió un cierto número de horas de sueño en el laboratorio. Al primer grupo le tocaron nueve horas de sueño, al segundo, siete; al tercero, cinco; y al cuarto, sólo tres horas diarias. Durante el día, se les presentaron a todos varias pruebas de desempeño, memoria, capacidad de respuesta y demás.

La eficacia de los suertudos del primer grupo, aumentó un poco cada día durante los siete días del experimento. Al contrario del resto de los grupos, cuyas respuestas fueron cayendo dramáticamente respecto a sus horas de sueño.

Lo interesante de dicho experimento fue que, al término de cada día, se les preguntaba "¿Cómo te sentiste en las pruebas?" Y todos, absolutamente todos, respondieron "¡Perfecto, me sentí muy bien!" Es decir, nadie se percató de lo deplorable que fue su desempeño. Además, otro punto, el tiempo de recuperación de los grupos que durmieron pocas horas duró ¡hasta 15 días!

Y para terminar, la revista *Science* calculó que cuando una persona no ha dormido lo suficiente, una hora extra de sueño puede hacer más por su felicidad que un aumento de sueldo de un millón de pesos. ¿Cómo ves?

Para conservar tu energía física, te recomiendo lo siguiente:

1. Concéntrate en lo que haces, como si fuera la única tarea pendiente. Evita que te interrumpan; esto aumenta tu eficiencia y reduce la ansiedad causada por tratar de hacer 20 cosas a la vez.

2. Aprende a decir "no", sin sentir culpa. Cuando estés seguro de que no puedes comprometerte o cuando tengas la agenda llena, simplemente di un "no", amable pero firme.

3. Hay elementos que recargan muy rápido tu energía; uno de ellos es la música. Escucha la que te gusta y si éste es el fin, asegúrate de que sea de alto impacto; se ha comprobado que la gente que escucha música energizante, aumenta su productividad 200 por ciento.

4. Duerme, por lo menos, siete u ocho horas diarias.

5. Valora tu cuerpo, haz ejercicio y nútrelo.

6. No te enfoques en lo que no has hecho. Piensa en el reconocimiento que mereces por lo que sí realizaste.

7. Evita tomarte la vida tan en serio. Procura reírte más. Aprende a ver el humor dentro de las situaciones difíciles. Busca momentos de diversión. Una buena carcajada aligera el estrés y nos carga de energía.

8. Sustituye los dulces y postres por fruta.

9. Aliméntate bien, esto aumenta la cantidad y la producción de los neurotransmisores responsables del humor y del estado de alerta.

10. Trabaja bajo luz clara y brillante, ésta aumenta el grado de atención, mientras que una tenue te adormece.

11. Reduce tu velocidad. Busca un tiempo para reflexionar, pregúntate: "¿A dónde voy?" "¿Qué quiero?" De vez en cuando es bueno parar y hacer un "inventario" de tu vida.

12. Camina un rato después de comer.

13. El descanso es vital. Relájate y no te sientas culpable por ello. Si no lo haces, el agotamiento te llevará a la cama por la fuerza.

14. Toma mucha agua. En especial, pequeños sorbos de agua durante todo el día.

15. Cuando te sientas abrumado, busca a tus amigos y sal a tomar un café, una copa o a comer para platicar con ellos, de todo menos del trabajo.

16. Busca momentos de silencio. Medita. Si te sientes abrumado por la gente, por el trabajo, sal a dar una vuelta o a comer solo y disfruta del momento sin tener que platicar con nadie. El silencio repara.

17. Conéctate con la naturaleza.

18. Mírate en el espejo y con objetividad decide lo que está en tus manos cambiar; bajar de peso, tonificar tu cuerpo, teñirte las canas. ¿Qué te molesta?

19. Sé flexible. Comprende que las metas no se tienen que grabar en piedra. Algunas veces las circunstancias cambian y nos llevan por diferentes caminos. Si nos damos cuenta de que algo no funciona, está bien cambiar de rumbo sin sentirnos culpables. Esto no es fracasar: es ser maduro.

No escogemos vivir, pero sí cómo vivir. Date tiempo para identificar cuáles son tus fugas invisibles de energía física. Vale la pena hacerlo de una vez por todas, recuerda que siempre está en nuestras manos cambiar para sentirnos mejor.

ENERGÍA DE LOS *CHAKRAS*: LAS RUEDAS DE LA VIDA

"Al alma se le han dado sus propios oídos
para escuchar cosas que la mente no comprende."

RUMI

—

Las ruedas de la vida

Esta realidad me era desconocida y la descartaba por ignorancia. Sin embargo, hoy soy consciente de que la antigua sabiduría del *tantra* nos hace más capaces de apreciar el milagro que representa la energía en nuestro cuerpo y nuestra existencia. Estoy segura de que has escuchado mil veces la palabra *chakra,* que quiere decir "disco o rueda de la vida"; sin embargo, no es muy común que las personas conozcan su fondo y significado —como era mi caso.

En muchas otras culturas, además de la oriental, reconocen los centros energéticos, aunque los llamen de distinta manera. Lo importante es comprenderlos más para alinearlos y lograr así una armonía física, mental y espiritual.

La gran mayoría de los sistemas y seres con vida, digamos los átomos, las semillas al germinar, los caracoles, incluso las constelaciones, se desarrollan en el tiempo de manera circular. Giran en sí mismos o en torno a un eje para generar energía y vida —imagina un rehilete o una espiral.

Las personas, de acuerdo con el *tantra* —que en sánscrito significa *telar* o *tejido*— tenemos siete centros de energía denominados *chakras.* Son puntos de conexión y circulación, alineados al eje de la columna vertebral; absorben energía del universo para alimentar al cuerpo. Forman un puente de arcoíris que va de la materia al espíritu, es decir, de nuestro cuerpo a la red infinita de la existencia e irradian energía al exterior, lo que influye en nuestro ser de manera energética y biológica.

Cada *chakra* maneja un tipo de energía diferente, así como en tu casa cada cuarto maneja distintas energías. De hecho, cuando uno de nuestros centros de energía se bloquea, nos sentimos fuera de balance y pueden ocurrir enfermedades físicas.

Me gusta la comparación, que la tradición Yogui ha hecho por milenios, de estos siete centros internos de energía con los siete colores del arcoíris, que de manera individual vibran diferente y juntos forman el espectro completo de la luz. Y según la cuántica, los *chakras* corresponden a la energía de cada glándula maestra y cada uno de los centros funciona con una longitud de onda determinada y una velocidad específica, cuya finalidad es mantener al cuerpo en equilibro y con salud. Es por eso que se representan con distinto color.

Aunque los *chakras* no son físicos, como tus órganos o huesos, se experimentan en el cuerpo. Las mariposas en el estómago, una piedra en la garganta, o un dolor en la espalda, se atribuyen a la influencia de los *chakras* en esas áreas.

Los chakras funcionan con el mismo principio del péndulo, si uno de ellos está inactivo o hiperactivo, aparecen señales de que está "fuera de ritmo".

Es curioso observar que, en la tradición católica, también son siete los dones del espíritu santo.

A partir de los siete chakras y sus colores se nos ofrece una oportunidad de transformación personal en el cuerpo, la mente y el espíritu. Tener alineados estos centros energéticos físicamente, aumenta tu capacidad para ser un buen receptáculo de la gracia, de lo grandioso y de todo lo que resuena en esa frecuencia elevada. Si dormiste mal, te peleaste en el trabajo, traes malestar de estómago por el enojo, ¿cómo vas a sentirte en armonía, tener un momento de intimidad con tu pareja o conectarte contigo?

En fin, veamos cada uno de ellos...

- **Primer *chakra*, de la raíz.** Se encuentra en la base de la columna vertebral, entre el ano y el órgano sexual. Representa a las glándulas reproductoras, testículos en el hombre y ovarios en la mujer; controla el desarrollo sexual y segrega hormonas sexuales. Es el *muladhara* que significa "raíz, soporte", te conecta con la vida, con la madre Tierra. Es un "yo vivo", es el instinto de estar vivos. Para el viaje de la vida, lo primero que necesitamos son cimientos profundos y arraigados. Un lugar en dónde vivir, aprender a cuidarte y encontrar maneras para ser autosuficiente e independiente. Para algunas personas, esto toma poco tiempo y para otras quizá toda la vida.

  Su elemento es la tierra, aquello que nos ancla con nuestros ancestros, lo que percibimos cuando estamos en contacto con la naturaleza. Su color es rojo. Este centro energético rige las glándulas suprarrenales e intestinos. Cuando lo tenemos en equilibrio irradiamos vitalidad, seguridad, conexión y eficiencia. Se bloquea cuando sentimos miedo.

- **Segundo *chakra*, sacro.** A tres dedos debajo del ombligo, a la altura de la pelvis y del sacro se encuentra el *svadhishthana*, que significa "nuestro propio lugar".

Representa las glándulas suprarrenales; regula el sistema inmunológico y el metabolismo. Te conecta con tu sensualidad, con el valor del cuerpo, con tus emociones. Es un "yo siento".

Una vez establecidos en lo básico para subsistir, surge la necesidad de vincularse con el otro, es así que buscamos una conexión o relación de tipo sexual.

Su elemento es el agua y representa la dualidad de la existencia, la polaridad, los opuestos que se atraen y fluyen hacia sí mismos para unirse como uno. De este chakra emana el movimiento, el deseo, la sensación y el placer. Su color es naranja y los órganos que gobierna son los riñones y la vesícula. Al estar en armonía, emanan valor, carisma y atracción hacia el sexo opuesto. Se bloquea este chakra cuando sentimos culpa.

- **Tercer *chakra*, del plexo solar**. Ahí se encuentra "la joya lujosa", el sol interior, tu verdadera fuente de poder, cuyo nombre es *manipura*. Se relaciona con el páncreas y regula el metabolismo. Es importante mantenerlo abierto energética y físicamente a través de tu postura. Es un "yo decido" que tiene que ver con la voluntad, con el ego, con dominar las pasiones; con un proceso de individualización que te libera de las expectativas de tus papás, de una cultura o de los amigos. Comienza la construcción de tu propio camino, iniciar una carrera, desarrollar habilidades, enfrentar retos que te lleven a tener más control sobre tu destino.

Su elemento es el fuego, que vitaliza el cuerpo y pulsa llamas de vida para despertar tu potencia. Su color es amarillo. Simboliza la sabiduría, el conocimiento y la capacidad de actuar. Cuando está en equilibrio te da la fortaleza para perseverar y ejercer la voluntad. Se bloquea cuando sentimos vergüenza.

- **Cuarto *chakra*, del corazón**. El *anahata*, que significa "no tocado o no dañado", se encuentra cerca del corazón y resuena con la energía de la vida, con el amor que representa lo sublime que nos une a todos los humanos. Se asocia con la glándula del timo y regula el sistema inmunológico. Es un "yo amo" que representa el centro de tu verdadero ser. Se enfoca en cultivar relaciones de una manera madura, empática y altruista con todas las personas con las que convives. Del mismo modo, surge el cuestionamiento tipo: ¿Qué papel juego en el mundo? ¿Qué papel quiero jugar? ¿Qué busco en las relaciones?

  Su elemento es el aire y su color es el verde. En el proceso de transformación personal, la atención pasa del bien individual al bien común. Es el lugar de la compasión, la conexión, la generosidad, el perdón y la confianza. Unifica el cielo y la tierra, lo masculino y lo femenino, la mente y el cuerpo, en balance perfecto. Se bloquea cuando sentimos dolor y tristeza.

- **Quinto *chakra*, de la garganta**. Es el puente entre la cabeza (mente) y el corazón (cuerpo), se encuentra en la laringe y le llaman *vishudda* que significa "lleno de pureza". Se relaciona con la glándula tiroides; regula la temperatura corporal y el metabolismo. En esta etapa surge la necesidad de expresarse, de crear, de contribuir con la comunidad, de servir.

  Su elemento es el éter. Es un "yo digo", el centro de la expresión, el habla, el canto y la creatividad superior en el mundo no material. Gracias a la expresión compartimos el arte y el conocimiento. Su color es azul e influye en la tiroides, la garganta y los bronquios. Si este centro está en armonía, la comunicación y el desarrollo fluyen. Se bloquea si callamos lo que sentimos, con las mentiras o el auto-engaño.

- **Sexto *chakra*, del tercer ojo.** Es el director de orquesta que conocemos como "tercer ojo" y se encuentra en el entrecejo. Su función principal es la conciencia, la visión, el despertar para ver más allá de lo evidente. Se relaciona con la glándula pituitaria; produce hormonas y gobierna la función de las cinco glándulas anteriores. Es un "yo veo". Esta etapa se relaciona con una búsqueda de tipo espiritual, religiosa y filosófica. Quizá a través de viajes o estudios. Es un período de introspección, de absorber del exterior para desarrollar el interior.

  Su elemento es la luz y simboliza lo sutil, el misticismo y la trascendencia. Su color es el azul. Este centro de energía se puede dormir, por lo que estar presentes, observar sin juicios, valorar y apreciar los hechos de la vida es lo que nos mantiene abiertos a la transformación intuitiva. Se bloquea con el egoismo.

- **Séptimo *chakra*, de la corona.** Es una antena receptora abierta al cielo, tu vínculo con la Fuente Divina, con Dios. El *sahasrara* se ubica en el centro de la cabeza y está ligado a la glándula pineal, regula los ciclos biológicos, incluyendo el sueño. Es un "yo soy" y su nombre significa "el loto de mil pétalos". Es el tiempo de la sabiduría, la comprensión espiritual, de transmitir y enseñar lo aprendido a lo largo de la vida.

Su elemento es la nada, el vacío. Su color es el dorado. Es el punto de llegada de nuestro recorrido hacia la trascendencia y la divinidad. Es el Ser, la iluminación, la perfección que une el todo. Es Dios. Se bloquea con el sentimiento de apego al mundo.

¿Cómo alinear tus siete centros energéticos o *chakras*?

El ser humano no es más que un microcosmos a imagen y semejanza del Creador del universo. El Todo es todo y está en todo. La unión que hoy en día se da entre la ciencia y lo espiritual, en física cuántica nos demuestra que las cosas no dejan de ser científicas por ser espirituales.

Somos un todo y cuando estos centros no están abiertos sentimos un "no hablo", "no quiero", no siento", "no veo" y demás, aunque a veces no sepamos ponerlo en palabras. Es por eso que el despertar de la conciencia es necesario para trabajar cada uno de los centros que nos dan balance y energía. Lo que es un hecho es que no podemos ver nuestro cuerpo en departamentos separados. Somos una unidad.

Es importante comprender que el desarrollo de cada etapa es distinto para cada persona y que quizá no se experimenten en dicho orden.

Cada uno de estos centros, de acuerdo con Roberto Pérez, antropólogo y filósofo, requiere de un don para mantenerse alineado, veamos:

- **Primer *chakra*: el don de la "atención".** Que este don me ayude a estar atento y a darme cuenta de lo bueno de la vida, de lo que tengo que cambiar y trabajar sin apegarme a nada.

- **Segundo *chakra*: el don de la "piedad".** Que este don me ayude a tener piedad conmigo, para comprenderme y entender a todos los seres, en su vulnerabilidad.
- **Tercer *chakra*: el don de la "ciencia".** Que este don me ayude a darme claridad para discernir de una manera práctica si me conviene o no un camino a seguir.
- **Cuarto *chakra*: el don de la "fortaleza".** Que este don me ayude a ser fuerte para amarme y para comprender y amar a los demás. Que me haga fuerte para iluminar mi corazón y para que sea un corazón comprometido.
- **Quinto *chakra*: el don del "consejo".** Que este don me ayude a que mis palabras sean impecables; a ver la verdad en los otros y en mí, a expresarme cuando sea necesario y a callarme cuando no tenga algo bueno o constructivo que decir.
- **Sexto *chakra*: el don de la "inteligencia".** Que este don me ayude a ver a los otros, a discernir, a darme cuenta qué es lo que la vida me quiere decir; qué es lo que mi cuerpo me pide cuando tengo que lidiar con un tema de salud.
- **Séptimo *chakra*: el don de la "sabiduría".** Que este don me ayude a tener un encuentro con lo espiritual, con el desapego, con lo que me hace ser quien soy, con la verdadera sabiduría.

Como ves, no es casualidad que sean siete los centros energéticos conectados a siete glándulas de todo tu cuerpo y los siete colores del arcoíris. Todo está conectado, todo está relacionado. Cada chakra es un templo que hay que conocer y mitigar. Cuando tu personalidad, tu carácter, están equilibrados, logras el templo e irradias el amor que eres, y que es parte de la energía universal.

¿Cómo acceder a dichos dones?
Te preguntarás

A través de alguna de las siguientes prácticas: si aquietas el cuerpo, meditas, te detienes a respirar mientras visualizas el fluir de la energía en cada centro o *chakra,* practicas yoga, tomas una sesión de Reiki, caminas en la naturaleza, a través de la conciencia, entras en una frecuencia que alinea cada uno de los *chakras,* en lo físico, en lo espiritual y en lo emocional, entonces entablas una conexión, una relación de amistad contigo, para así armonizar tu mente, cuerpo y espíritu. Tu percepción de la vida cambia al ver el fondo de tu ser, de tu esencia, de tu alma. Te invito a practicarlas

LA ENERGÍA EN LAS PALABRAS

¿Cómo el sonido afecta la energía?

Las palabras emiten un sonido, el sonido es vibración y si es vibración es energía. ¿De acuerdo? La energía del sonido afecta cada una de las moléculas que conforman nuestro cuerpo, es por eso que considero importante conocer un poco acerca de cómo y por qué sucede.

La vibración del sonido acomoda la materia —y lo vemos en la cimática, una nueva ciencia que demuestra, en términos sencillos, que las ondas del sonido se hacen visibles a través de los diseños que forman—. Algo que me parece fascinante.

Resulta que en el siglo XVIII el físico alemán Ernst Chladni, conocido como "el padre de la acústica", demostró con simples y sencillos experimentos visuales que el sonido afecta la materia. Un día tomó el arco de un violín y lo talló sobre el canto de una placa de metal cubierta de arena fina, de la misma forma en que tocaría las cuerdas de su instrumento. Para su sorpresa, la arena de inmediato se acomodó de una manera geométrica. Después repitió el experimento varias veces con vibraciones producidas por diferentes frecuencias y la arena se dibujó en diversas estructuras, todas ellas simétricas y muy estéticas.

En lo personal me asombró ver que los experimentos de Chladni replicaban muchas figuras de la naturaleza, como el diseño del caparazón de una tortuga, o el estampado de un leopardo. En verdad, ¡increíble!

A dichas formas se les conoce como las "figuras geométricas de Chladni".

Partamos de la primera vibración del sonido, que de acuerdo con algunas tradiciones antiguas se considera sagrado y primordial por dar origen al universo. Dicho sonido místico es el que produce el mantra Om (*Aum* en sánscrito). La vibración del sonido es la que crea y acomoda la materia. Lo increíble es que, al materializarlo con la vibración de la arena, se convierte en un mandala. Un mandala es un diagrama simbólico redondo que vemos en el budismo o en el hinduismo representado en papel o en tela. Es fascinante ver que, desde hace 2 500 años, dichas culturas ya sabían sobre los patrones que creaban las vibraciones del sonido Om, mismas que aparecen repetidas veces en antiguas expresiones de arte.

Te recomiendo ver en internet las figuras maravillosas que el sonido forma, quedarás sorprendido.

Nuestras células responden al sonido

Ahora, veamos cómo la energía del sonido afecta cada una de las moléculas que conforman nuestro cuerpo. ¿Qué sonido? Cualquiera: la música, el trino de los pájaros, el motor de un avión, cualquiera; sin embargo, quiero llevar tu atención a las palabras que expresamos o escuchamos. Eso es lo importante.

¿Si el sonido de las palabras altera las formas en el exterior, podrá alterar nuestro paisaje interior? Esa es la pregunta que da origen a varios experimentos con el sonido como un medio de sanación. Las palabras tienen poder, un poder del cual no siempre somos conscientes. ¿Cómo te hablas? ¿Qué palabras utilizas para hablarles a tus hijos, a tu pareja? ¿Cómo le quitas una palabra a la persona que heriste?

Las palabras impactan, crean, perfilan, afirman y se vuelven órdenes para tu cerebro, aunque sea de forma inconsciente y a pesar de que se pronuncien a la ligera o en broma. Otro punto a considerar es la intención y el tono. Todo depende de la intención y el tono en el que se digan; es decir, la energía es la que le da a la palabra el contenido y el significado. Un "sí te quiero" se puede decir de mil maneras. El cerebro capta la frase, pero en el tono, en la intención, tu cuerpo capta mil otras cosas.

Date cuenta de que en un encuentro transmites lo que sientes no lo que dices. Las palabras, las máscaras, encubren lo que el campo energético del otro nos revela.

Cuida cómo te hablas

En la Biblia, encontramos la frase: "En el principio era el verbo." Toda la creación partió del sonido, de la palabra, de la energía que crea; lo mismo sucede en nuestra propia creación.

"Para cambiar tu vida, debes cambiar tu conversación interna, ya que la vida es la unión del Verbo y la Mente", nos dice Hermes Trismegisto y nos recuerda una vez más, la ley de causa y efecto. Dicho en otras palabras, lo que te cuentas, aun en el silencio de tu mente, cuenta y se mostrará en los resultados. Siempre.

Recordemos que donde pones tu atención, pones tu energía, por lo que aquello que tiene nuestra atención, crece. Sin duda. Por eso, cuando queremos cambiar algo, sea un hábito en ti o en otro, una manera de ser o de estar, con el fin de sacar la mejor versión de nosotros, lo primero que debemos poner bajo la lupa es lo que decimos, cómo hablamos y nos hablamos.

Cada vez que haces una declaración, el sonido se materializa y las palabras cobran vida. Los patrones internos que forman dependen del tipo de vibración que emites a partir del lenguaje. ¡Ah!, con qué facilidad agregamos adjetivos calificativos a la frase "yo soy...." o "tú eres...." distraído, privilegiada, torpe, sana, fuerte o lo que sea; siembras la semilla de algo que terminará por alcanzarlos o alcanzarte.

Es muy común escuchar declaraciones del tipo: "Soy un idiota", "yo soy muy desvelado y me cuesta trabajo dormir", "soy muy estresada", "soy malísimo para....", "estoy hecha una gorda, en traje de baño parezco ballena", "me despierto diario a las tres de la mañana", "me canso de todo", y demás.

Ignoro en qué momento se nos metió en la cabeza que desacreditarnos es una forma de pertenecer, de caer bien o de no sé qué, al grado que fijarnos en nuestros defectos y hacerles publicidad se ha convertido en algo natural. ¡Es absurdo, no lo hagas!

Si sólo supiéramos el poder que las palabras tienen, seríamos más cautelosos con las afirmaciones que hacemos. Las palabras son la puerta de entrada a la autorrealización y las profecías se cumplen cuando las declaras.

Lo que experimentamos momento a momento son las consecuencias de nuestros pensamientos. Esos pensamientos se convierten en palabras y las palabras en realidad.

Recordemos que las palabras son órdenes al cerebro. Nos dice Neville Goddard, norteamericano de mediados del siglo XX, estudioso de las corrientes filosóficas del Nuevo pensamiento: "Todo depende de tu concepto de ti. Aquello que no clamas como verdadero de ti no puede realizarse por ti."

Es por eso que te pido que nunca hables mal de ti. Cuida lo que sale de tu boca. Haz conciencia de sólo emitir expresiones que nutran. Por ejemplo: "Soy salud, he sido salud, seré salud", en lugar de llenar la mente de achaques. O bien, si deseo dejar de fumar y estoy pasando por el cambio de hábito, me ayuda afirmar: "Soy fuerte, soy más que mi adicción y ya dejé de fumar." "Soy una persona inteligente." "Estoy seguro de que lo puedo sacar adelante." Así, si lo que quieres es dormir bien o sentirte mejor, lo primero que tienes que decirte es: "Duermo de maravilla", "soy muy sano", "me siento mejor que nunca", "estoy llena de energía", "soy muy disciplinado". Aunque te parezca increíble es de los mejores tratamientos de salud, anti-edad y una de las mejores maneras de lograr que se te presente lo que deseas. Pero ojo, repetir palabras sin fe, sin sentimiento, es una pérdida de tiempo.

No tiene que salir sólo de tu boca, sino de tu mente, de tu corazón, de tu sentir y tu absoluto convencimiento.

El decreto es interno, no externo; puedes hacerlo en silencio. No es algo que vocalices o escribas y ya. Es identificarte, verlo como real, sentirlo como logrado y soltar. Descarta la duda. El deseo y la duda se anulan uno al otro por completo.

Recuerda que el mundo es una sala de espejos, lo que vemos es sólo la expresión de la conciencia proyectada. Tu conciencia crea tu vida. ¿Qué proyectas tú? Así que cuida las palabras que te dices, que les dices a tus hijos, a tu pareja, porque las palabras crean, moldean y perfilan vidas.

¿Por qué hablar bien de otros?

"Si no puedes hablar bien de alguien, mejor calla", es una expresión que escuché reiteradas veces en mi casa y que, por supuesto, no siempre seguí. No sólo se trata de un acto ético, algunas investigaciones científicas comprueban lo mucho que la maledicencia nos afecta. Comparto a continuación algunos datos al respecto.

La forma en que nos hacemos una opinión de las personas es un fenómeno del cual no somos del todo conscientes. Pero, para bien o para mal, la manera en que describimos a otros es la manera en que la gente nos percibe. Increíble, la gente no recuerda bien si el narrador se describía o a otra persona. A este fenómeno se le conoce como "transferencia espontánea de rasgos". ¿Lo imaginabas?

Una parte importante de socializar, de reunirnos con los amigos, con la familia, con los colaboradores de trabajo, es hablar acerca de lo que pensamos, de lo que nos aqueja y de lo que nos alegra. En eso consiste el gusto, el sentido de pertenencia que nos proporciona convivir con las personas, ¿cierto? Pues dentro de dicho contexto, es común que de pronto surja el nombre de alguien que no se encuentra presente. En esas ocasiones solemos ser benevolentes y generosos con las opiniones que expresamos, incluso cautelosos y reservados, pero no siempre es así.

Te tengo noticias, las investigaciones de John Skowronski y su grupo, publicadas en el *American Psychological Association* (1998), afirman que decirle a otros que tu jefe es flojo, creará de manera inconsciente y espontánea la percepción de que el flojo eres tú.

Podemos argüir: "¡Cómo, si yo no soy flojo!" Los estudios afirman que no se trata de una apreciación basada en la lógica, sino de una asociación inconsciente. Y que más allá de la ocasión, la gente asociará de manera permanente las características negativas que se critican con el emisor. ¡Qué tal! Lo bueno es que, también sucede de manera inversa: hablar de forma positiva de otros, se reflejará en ti.

Cuando Pedro...

¿Recuerdas aquel dicho?: "Cuando Pedro habla mal de Juan, sé más de Pedro que de Juan." Según Skowronski "los políticos que atribuyen corrupción a sus oponentes, son ellos mismos los que son percibidos como deshonestos. Los críticos que alaban a los artistas, son percibidos como talentosos. Los chismosos que hablan de infidelidades, son ellos los que se ven mal".

Así que, como ves, de aquí en adelante, si no vas a decir algo positivo acerca de alguien que no está presente, mejor cierra la boca. Además de correr el riesgo de que la persona un día se entere de lo que opinas de ella, quien acabará con graves problemas eres tú.

Los budistas dirían que es karma, otros más que es la energía que surge de nosotros la que el interlocutor percibe. Cuando hablamos mal de alguien, dicha energía será incoherente, semejante al sonido de un instrumento desafinado. Será captada por el otro y memorizada para referencias futuras. Una vez que el daño está hecho no hay marcha atrás, la semilla queda sembrada en la mente del otro.

¿Te gustaría ser asociado con cualidades como educado, carismática, encantador, culta, prudente, eficiente y alegre? Pues desde hoy incorpora dichas cualidades cada vez que hables de alguien.

¿Amor es...? reír

Un día, cuando era niña, escuché a mi padre decirle por teléfono a una secretaria: "Usted va a hacer muy feliz a su esposo", después de que ella riera fácil y pronto con un comentario amable que mi padre le hizo, antes de que lo comunicara con su jefe. La frase se me quedó grabada.

Podemos afirmar que la base del amor es la risa. A manera de los sufíes, nos preguntamos: ¿Cuál es la motivación de dos personas que deciden vivir unidas? La respuesta es: "Reír juntas; si no te unes con otra persona para reír, ni te juntes."

Olvídate de a qué se dedica, cuántos años tiene, cuánto gana o qué estudió. ¿Se ríen juntos? Eso es lo importante. Sólo hay amor si hay buen humor.

Y, ¿qué hay detrás de la risa entre una pareja o unos amigos?

Con frecuencia, entre más presionados nos sentimos más nos aislamos, sin percatarnos de que en soledad nos volvemos más rígidos, más gruñones e irritables. Al volvernos inaccesibles nos arriesgamos a perder aquello que nos salva de morir de un infarto: el sentido del humor.

Podríamos decir que el buen humor es un asunto de conciencia, de actitud, de disposición, de apertura. Para mantenerlo es posible decidir de antemano ser felices, independientemente de lo que el día nos depare. Esta energía, al ser contagiosa, es el donativo más grande que le das al mundo. Entre más contento estás, mejor lo estará tu familia, tus amigos y tu entorno.

Al estar alegres y abiertos a celebrar, incluso las tonterías, nos sentimos más enfocados, con más energía, tenemos mayor actividad cerebral y nuestro potencial creativo se activa; estas herramientas nos ayudan en todos los ámbitos de la vida, hasta el grado de convertirse en un camino de crecimiento espiritual.

No proviene del cuerpo

Por siglos los médicos han investigado si existe un órgano de la risa, una glándula de la risa, una hormona de la risa o el ADN de la risa. Nada. No han encontrado nada.

La risa es el alma de la alegría y la alegría es el alma de la felicidad. Lo curioso es que, aunque la risa se expresa a través del cuerpo, no proviene del cuerpo. La sentimos como una emoción y la apreciamos mentalmente, pero es mucho más que una emoción o un estado mental: es algo sagrado.

Sí, elementos como la ternura, la comprensión, la compañía, la liberación, la ligereza y la tranquilidad, entre una pareja son importantes. Sin embargo, reír con ella o con alguien, te conecta, te une, te identifica con el otro como nada. Es una manera de celebrar el verdadero gozo que hay detrás de todo miedo, separación o conflicto juntos. Con la risa el alma se prende e ilumina a todos; con ella nos decimos unos a otros "no hay problema, por lo menos mientras reímos".

Hay silencios que matan

Existen pocas escenas tan conmovedoras como la de esa mañana. Luis y Raúl, dos hermanos, se abrazaban después de no verse ni dirigirse la palabra durante cuatro décadas. Luis, entonces de 76 años, era el mayor, y Raúl, de 73, el menor.

Los hijos de ambos nunca se conocieron, hasta que un día la causalidad orquestó el encuentro: "¿Cómo que somos primos?" Una vez que se identificaron, el hijo de Raúl le compartió a su primo que su papá tenía cáncer terminal y pocos días de vida.

Luis, al enterarse del estado de su hermano, lo visitó acompañado de sus hijos. En el momento en que los dos hermanos se reencontraron, después de toda una vida y frente a la mirada atónita de sus hijos, se abrazaron sin decirse una sola palabra. En el cuarto sólo se escuchaba ese llanto amoroso que surge del fondo del alma, tanto el de los hermanos como el de los primos.

Cuán elocuente era ese lamento, cuánto se arrepentían los dos de no haber tenido el valor y la humildad de abrir el corazón años atrás para tener una conversación de esas que incomodan. Cuánto tiempo desperdiciado.

Desearon decirse una infinidad de cosas, pero ya no era posible. El tumor en el cerebro de Raúl le impedía articular las palabras. Luis se quedó sentado junto a la cama de su hermano sus últimos tres días de vida, sólo le acariciaba la mano.

Lo que Luis ignoraba en ese momento era que él también tenía cáncer y que moriría cinco meses después. Las ironías de la vida.

Sí, los silencios matan. En especial cuando se convierten en rencores que impiden escuchar la voz del corazón. En este caso quizá les susurraba a ambos: "Llama a tu hermano..."

Ten conversaciones incómodas

Es irónico, pero la calidad de tu vida depende del número de conversaciones incómodas que estés dispuesto a tener. ¿Por qué? Porque dichas conversaciones implican hablar con la verdad. Y la verdad duele, duele sacarla del archivo, duele ponerla en palabras y duele escucharla. Es mucho más fácil barrerla debajo del tapete, ignorarla, construir una trinchera y armarse de drama o incluso atacar al otro. Hacemos todo con tal de no sentir.

¿Cuánto tiempo y energía desperdiciamos por no enfrentar una conversación incómoda? ¿un día, un mes, un año, una década, la vida entera?

Nos han dicho que la verdad nos hará libres. Sin embargo, creo que la verdad, por lo general, aterra. Cuando con cierto tono —el cual ya es en sí un mensaje— algún ser querido nos dice: "¿Podemos hablar?", de inmediato sentimos temor acerca de lo que estamos a punto de escuchar. Verdades como: "Ya no te quiero", "esto se acabó", "quiero hacer un cambio en mi vida", "renuncio", "te mentí" o incluso un "te amo", son temas que paralizan el corazón.

No obstante, tenemos la oportunidad de considerar que esas conversaciones incómodas sirven para mejorar nuestra calidad de vida, desanudan relaciones, abren avenidas y limpian rencores; por lo tanto, ¡son muy sanas! Nunca imaginamos la sensación de libertad que se nos regala como recompensa tras ese rato desagradable. La energía vuelve a fluir.

De verdad, los silencios matan. En especial los silencios del rencor. ¿Cuantos años son necesarios para restituir un instante o para reconstruir un momento perdido? ¿Qué hubiera pasado con la salud de ambos hermanos de haber tenido el valor de hablar, de perdonarse uno al otro y sacar del cuerpo tanto rencor acumulado? Nadie lo sabe.

Lo que sí se sabe, es que la mejor cura para el alma, el cuerpo y la mente, con frecuencia, es el valor de tener una conversación incómoda. Esa incomodidad es nuestro camino a casa. Tú ¿tienes alguna pendiente?

LA ENERGÍA EN TU PODER PERSONAL

"El alma del alma del universo es amor. Somos estrellas envueltas en piel, la luz que siempre has buscado está dentro."

RUMI

—

Lo que transmites sin hablar

Nuestro planeta tiene su propio campo electromagnético, lo sabemos. Es un imán con sus polos negativo y positivo que utilizamos para la navegación, gracias a la brújula. Incluso muchas de las aves y los insectos aprovechan esta información para hacer sus travesías.

El cuerpo humano también tiene su propio campo electromagnético. De hecho, cada célula, cada órgano, tienen su propio campo y gracias al sistema nervioso, la electricidad fluye por todo nuestro cuerpo que, a su vez, es una colectividad de dichos campos energéticos.

El campo de energía alrededor del cuerpo no siempre pulsa la misma información, cambia, se mueve, se expande o se contrae. Y esto lo sabríamos sin utilizar ningún aparato que lo mida, simplemente si estamos atentos —lo percibimos—. Hay personas cuya energía es muy fuerte, impone y otras cuya energía es débil. La energía de una persona enojada será diferente a la energía de un enamorado.

Además, existen varios factores que colaboran a lo anterior: genética, carácter estilo de vida, alimentación, ejercicio, trabajo, el ambiente en el que vives, la ciudad o el campo, tu casa, su ubicación, su forma, etc. Todos los aparatos electrónicos que te rodean, así como tus pensamientos y emociones.

El verdadero origen del carisma

El carisma también es una energía. Una energía que le da a alguien un poder personal y una capacidad para atraer o cautivar, como ninguna otra cosa se lo puede dar.

A esta cualidad de atracción, los griegos le llamaban "carisma", que deriva de la palabra kharis y que significa gracia o regalo divino. Un regalo misterioso e inexplicable... hasta hace poco tiempo.

Pero, ¿qué es el carisma? ¿De qué se compone? ¿Los "simples mortales" podemos adquirirlo?

Sabemos que de esta energía simplemente dependen personas que se dedican a áreas como la política, las ventas o los espectáculos, y define si la persona tiene éxito o no.

El carisma como tal tiene siglos de estudiarse, y si bien ya lo traté en otro de mis libros, en ese entonces no se había definido el carisma en su totalidad y desconocía la información que ahora te comparto. Me emociona saber que hoy ya se conoce la verdadera fuente del carisma.

Partamos primero de las definiciones clásicas:

- Es la facilidad de algunas personas para atraer a otras de forma irresistible, es una energía que nos estimula, como si la persona tuviera dentro una lámpara que, al irradiar, nos ilumina.
- Quien posee carisma posee una seguridad poco común, además de serenidad, magnetismo y audacia. La clave está en nuestro control.
- Por lo general, el carácter de las personas carismáticas es animado y lleno de energía. Su rostro siempre está

alerta, como el de un enamorado; eso las hace parecer encantadoras.

- Los ojos son cruciales en la seducción. Tienen un brillo que revela emoción, intensidad, pasión y hasta lejanía, pero nunca miedo, duda o nerviosismo.

- El carisma es misterioso, nunca es obvio. Es un enigma que se expresa en la contradicción. Cuando una persona puede ser al mismo tiempo estrafalaria o conservadora, amable o fría, santa o diabla, provoca que la gente hable de ella. Sus gestos, su voz hipnótica, sus palabras, su peinado, su manera de ser y vestir evocan tanto lo real como lo irreal, así, nos enganchamos y, casi sin darnos cuenta, empezamos a imitarlos.

- En contra de lo que se cree, el carisma tiene poco que ver con la edad, la estatura, la figura o la cara perfectas, estas cualidades sólo provocan interés a corto plazo. Vestirse de manera elegante, estrambótica o llevar un escote pronunciado, tampoco tiene nada que ver con el carisma, ya que sólo atrae un tipo de atención equivocada o de corta duración.

- Curiosamente, quienes son carismáticos, se muestran vulnerables, proyectan cierta necesidad de afecto y amor. Por ejemplo, Marylin Monroe se transformaba frente a una cámara, de inmediato hablaba como niña y coqueteaba con el público, lo cual era parte de su hechizo. Nada es más seductor para un auditorio que sentirse deseado.

Dos tipos de carisma

Existen dos tipos de energía: el genuino y el falso. El falso es fabricado y tiene varias manifestaciones, por ejemplo, el carisma de poder, de un puesto político, de un atractivo o belleza física, de una cuenta bancaria o de la fama. Dicho carisma es como un barniz muy delgado que rápidamente se desgasta.

El carisma genuino, por el contrario, es el que surge más allá del ego, de las posesiones o las apariencias, se genera adentro, en la información y fuerza que emana de tu corazón y nace de la aceptación —la propia y de los otros— del amor, del aprecio, la gratitud y demás. Cualquier persona lo capta de manera inconsciente, así como cada célula de su cuerpo. Su presencia es contagiosa, al sentir a una persona así, te hace cambiar tu propia presencia y vibración.

Cuando dentro de ti te sientes pleno, contento, satisfecho, enamorado, la energía que tu corazón genera es literalmente una luz que quienes la observamos deseamos. Es grande, fuerte y se expande fuera de ti. Ese es el verdadero carisma.

¿Cómo entrar a esa energía tan poderosa?

Es muy fácil y al mismo tiempo... no tanto. Con práctica, tú la puedes crear a voluntad. Te comento:

Cuando creas emociones que te hacen sentir bien y son genuinas, la comunicación entre tus sistemas es de armonía y el capitán del barco es el corazón. Y si el corazón está en armonía, significa que tu Sistema Nervioso Autónomo (SNA), que dirige a su vez muchos otros de tus sistemas, entran en sincronía también. Todo mundo feliz y contento. ¿De acuerdo?

La empresa más eficiente del universo: tu SNA

El corazón, al ser un órgano eléctrico, genera el campo electromagnético del que ya hablamos; contiene información codificada que los otros corazones reciben, sienten y procesan, —como si fuera un lenguaje, seamos conscientes o no de ello —. El corazón genera emociones y las emociones regulan el SNA. Si están en equilibrio, significa que estás sano y en armonía.

Resulta que el SNA es la empresa más eficaz y eficiente que existe en todo el universo. Es nuestra central de operaciones y es involuntario; pero no me quiero poner muy técnica, ni es el caso, sólo necesitamos saber que el SNA se divide en dos sistemas: el simpático y el parasimpático.

Imagina que el primero es el acelerador de tu cuerpo, es la acción, y el otro es el freno o el que repara. Cuando, por ejemplo, vas a dar un discurso o decir unas palabras, sientes la boca seca, ¿no? pues es gracias a tu sistema simpático que te prepara para un "atacar o huir" al generar cortisol. En cambio, el parasimpático hace lo opuesto, te calma, te relaja para "descansar y digerir" y activa la producción de la hormona DHEA que se asocia con vitalidad, renovación y bienestar.

Sincronízate con la frecuencia de la Tierra

A la interacción entre los dos sistemas nerviosos se le conoce como Variabilidad del Ritmo Cardiaco (VRC). Cuando tienes pensamientos de aprecio, de gratitud, de orgullo, de satisfacción o estás enamorado, tus dos sistemas interactúan en armonía y se platican muy bien. Esto resulta en un latir de tu corazón, un estado mental y emocional de bienestar; a ese estado, como vimos, los científicos le llaman "coherencia". Y la coherencia crea un cambio de frecuencia en tu corriente electro-física de 0.1 Hertz por milisegundo.

Te lo recuerdo porque ese es nuestro estado natural de armonía y así deberíamos de vivir. Lo increíble es que la tecnología de hoy la puede medir y comprobar en el momento.

Entre más elevada e intensa es tu emoción positiva, es como si le subieras el volumen al poder de espectro de radiación que tu corazón emana. Cuando el amor, la gratitud o el orgullo crecen de manera profunda e intensa, tu poder de influir en los demás, de ser líder, de carisma, aumenta. Trata de acordarte siempre.

Cuando te sientes frustrado, enojado o con alguna emoción negativa, tu sistema simpático y tu parasimpático como pareja, no se llevan bien entre sí y no se coordinan; esto crea un estado interno de "incoherencia", que te lleva al desgaste y a drenar energía. Cuando esto sucede, el poder de espectro de radiación es muy bajito. Es decir, tu poder de influir en los demás y de carisma, se vuelve nulo. Amén de los problemas de salud que, a la larga, te puede causar.

Ese es el secreto para ser irresistible. Estar en la frecuencia donde te sientes pleno, feliz y unido con el Todo. Esa es la fuente del verdadero carisma.

Respiración de corazón

La mejor forma de ayudar a que tu SNA haga su trabajo de manera óptima, y por ende a todas las funciones de tu organismo es: respirar de corazón. Sé que ya has oído mil veces un "inhala profundamente y exhala" cuando se trata de relajarte. Si bien intuimos que es algo bueno y así se siente, no sabemos bien por qué. Y la mayoría de los adultos, por diversas razones, olvidamos la forma correcta de hacerlo.

Técnica de respiración de corazón por HeartMath Institue:

1. Enfoca tu atención al área del corazón.
2. Imagina que inhalas y exhalas vía el corazón. Respira unos cinco segundos, un poco más lento de lo normal. Esto te llevará a una paz interna.
3. Activa una emoción de amor, de gratitud, de aprecio.
4. Irradia esa luz que sale de tu corazón a todas tus células, a tus seres queridos y a todo el planeta.

Esta técnica está diseñada para que entres de inmediato a coherencia —y como te mencioné, hay una aplicación que bajas de App Store, en donde por medio de un cable que te conectas al oído puedes medir tu nivel de coherencia y tu nivel de poder de espectro en tiempo real.

Si viéramos el equilibrio que le proporciona a tu SNA y el masaje que le damos a todos los órganos internos a través de la coherencia y la respiración, más los beneficios que esto conlleva, no dudaríamos en respirar de corazón a diario, varias veces al día. ¡Incorpórala en tu vida!

En la vida todo es un fractal

Pegado a mi ventana crece un helecho hermoso. Es de la variedad cuyas frondas se desenrollan poco a poco. Un día la pequeña rama se encuentra en "posición fetal" y al día siguiente la veo extendida; poco después se convierte en una hoja enorme.

Esa fuerza misteriosa impulsa todo en la vida. El pequeño caracolito que se forma en el helecho al nacer, llamado "fractal" por los conocedores, se encuentra a simple vista en muchas otras expresiones de la naturaleza: en la forma de los caracoles de tierra, en la de los nautilos, en un copo de nieve, en las plumas de un pavorreal, en la estructura de las hojas de los árboles y en las nubes, por mencionar algunos ejemplos.

Un fractal es un patrón geométrico que se auto replica infinitamente a escalas menores, como un caleidoscopio cuyas figuras simétricas finitas e infinitas contienen el todo. El ADN, por ejemplo, es un fractal que contiene información. Hay quienes afirman que los fractales son la huella digital de Dios.

Al igual que la naturaleza holográfica, cada porción fractal, por más pequeña que sea, proyecta la figura completa a una escala diferente. ¿A qué voy con esto?

Todo es un reflejo

A que, si quieres desarrollar tu poder personal, además del carisma, siempre ten en cuenta una ley: La ley de Correspondencia. Me explico...

De la misma manera que en la naturaleza cada porción fractal proyecta la figura completa, podríamos afirmar que así como una persona se muestra en lo chico, lo hace en lo grande. Por ejemplo, si una persona es generosa en una propina, lo será en una proporción mayor en el amor, en su entrega, en su trabajo y en el espíritu. La bolsa en desorden de una mujer es un fractal del estado de sus cajones o de su mente. Es decir, el mundo exterior, es un reflejo del mundo interior, pensante y emocional.

Esto atañe a una de las leyes que encontramos en la sabiduría del *Kybalión*, libro escrito hace tres mil años, la ley universal de correspondencia, la cual dicta: "Como es arriba es abajo y como es abajo es arriba"; así establece: "Lo que hay afuera es una proyección de lo que hay adentro." Como en un fractal, todo surge de adentro hacia fuera.

Esta ley se aplica a un sinfín de cosas, por ejemplo: lo que forjas en el corazón, lo recibes en la vida; mente sana en cuerpo sano; quien acostumbra hacer bien un trabajo pequeño, hará bien un trabajo grande. La forma en que la gente trata a las personas que le sirven, es una radiografía fidedigna de cómo es en general.

Siempre hay una reciprocidad. Así como el actuar corresponde a un estado de ánimo, lo que pasa dentro de alguien es perceptible con sólo fijarse en lo que pasa a su alrededor. La hoja de "cargos y abonos" siempre viene detrás de nosotros: si alguien te ayuda, mira a quién has ayudado o bien, si alguien te humilla, mira a quién has humillado.

Con esta ley en mente piensa en aquello que quieres que ocurra en grande, para que comiences a hacerlo en pequeño.

Cuidar la salud en lo pequeño, es cuidar la salud en lo grande; cuidar el arreglo en lo chiquito, es cuidar la presencia en lo grande. Si cuidas a un amigo en lo chiquito, la amistad crecerá a lo grande. Es en la siembra del árbol que el fruto se anticipa.

El fractal es energético. Nuestro microcosmos interno repercute en el macrocosmos externo. Se dice que toda la información de un ser humano la encontramos en una gota de sangre, de la misma manera en que encontramos en cada persona la totalidad del universo.

Lo que creas en el corazón, lo creas en la vida. Si tratamos de ser mejores personas, no esperemos que sean los otros quienes cambien. Gracias a esa ley afirmamos que nada es bueno o malo, simple y sencillamente sólo es: correspondiente.

LA ENERGÍA SEXUAL

"El amor es el único amo y cuando te atrapa, eres esclavo."

RUMI

—

Invita a Eros a tu vida

Todas las partes del cuerpo y sus procesos físicos son sagrados, incluido el sexo. La energía sexual es la más profunda y espiritual que compartimos. Como dice *Un Curso de Milagros*: "Somos seres espirituales teniendo una experiencia humana" y diríamos que en la sexualidad, también somos seres humanos teniendo una experiencia espiritual, partiendo y regresando entre lo finito y lo infinito, lo mortal y lo divino.

Todos escuchamos y utilizamos las palabras "erótico", "erotismo", "erotizar", que atribuimos como cualidad de una acción que experimentamos, anhelamos o bien, admiramos relativo al amor, a la sensualidad o al placer sexual. Sin embargo, ¿qué es y de dónde viene dicha expresión y, sobre todo, de qué manera contribuyen a tu calidad de vida?

Te comparto: eros es una energía que está en todos los aspectos de tu vida. La experimentas de manera consciente a través de todos los sentidos, siempre y cuando estés libre de prisas. La atracción que ejerce dicha energía, no necesariamente tiene que ser de tipo sexual, pues es una fuerza de amor que soluciona todo y nos conecta con la vida en general. Observarla, significa honrar y rendirnos a lo desconocido: *erotizar*. El erotismo, entonces, es un apego al otro con energía amorosa, con poesía; es hacer el amor con los ojos, con los oídos, con el tacto; convertirlo en una verdadera destreza. Es procurar el gusto por el arte, la música, las texturas y la cercanía.

Bajo esta lupa, el cuerpo y los sentidos son lo más extraordinario que tenemos y confirmamos que todo en el cuerpo es eros. El compartir la energía a través del roce de la piel, literalmente nos pone en contacto con nosotros. De esta manera la encontramos también en el aroma de un pan recién horneado, en el arte, en el sabor de un platillo preparado con amor, en el beso a través de la mirada, en la seducción de un atardecer, en la poesía, en el canto de un pájaro o, incluso, en disfrutar de un alimento tan delicioso como un chocolate.

Pero conozcamos un poco más de dónde viene este concepto:

¿Quién era Eros?

Cuenta un mito griego que Afrodita, la diosa de la belleza, nació de la espuma del mar, por lo que su belleza era impresionante. Un hijo suyo, al que nombró Eros —Cupido para los romanos— tenía la misma cualidad.

Un día Eros encontró, durante una caminata, a una mujer que le pareció la más hermosa del universo, su nombre era Psique, palabra que quiere decir *alma*. Sólo que Psique no era una diosa como él, sino una mujer mortal, lo que ponía una barrera entre ambos, además, no le agradaría a su madre.

Eros siempre llevaba consigo unas flechas cuyo poder consistía en enamorar a las personas de lo que tuvieran ante los ojos al momento de ser tocadas por ellas.

A Afrodita le dieron muchos celos al enterarse de la belleza de Psique, por lo que ordenó llevarla muy lejos y dejarla en una piedra en medio del mar. Eros, sin saber que su madre había sido la autora de dicho castigo, se lanzó a buscarla y cuando la encontró le dijo al oído: "Me casaré contigo y vendré por las noches a visitarte con la condición de que no prendas la lámpara; no quiero que me veas." Cada noche se amaban en la oscuridad.

En una ocasión Psique, aconsejada por sus hermanas, no resistió la tentación y esperó a que Eros durmiera para encender la lámpara de aceite y ver el rostro de su amante. Pero, en un descuido, una gota de aceite resbaló sobre la espalda de Eros, quien al despertar se decepcionó de su amada y la abandonó.

Afrodita al enterarse enfureció y mandó a Psique al inframundo con siete tareas como castigo. Sólo se le perdonaría la vida si lograba cumplirlas.

Eros, por su parte, la perdonó y acudió al dios Zeus para solicitarle su intervención y hacer de Psique una diosa inmortal, tal como lo era él, y así casarse con ella. Zeus cumplió su deseo: Psique y Eros se amaron por siempre. Fue así que Eros se convirtió en el dios del amor, la atracción sexual y la fertilidad y Psique en la diosa del aliento y del alma.

Entonces, una relación sexual sin Eros es una relación sin esa energía nutritiva y amorosa, por lo tanto mecánica y vacía. En cambio, la sexualidad con Eros, es arte, tiene algo de sagrado que nos nutre, nos impregna a uno del otro, nos cimbra y nos hace cambiar. Es reconocer lo divino en el otro, es la entrega total que involucra la confianza, la comprensión, la paciencia, la delicadeza y la habilidad de ambos en éste y en otros planos. Una caricia perfecta cuando es erotizada, espera el momento adecuado, no va a un lugar del cuerpo, sino a un momento apropiado acompañado del espacio y del tiempo. Es bailar con la fuerza de la energía de la vida que es el amor.

Al aceptar la energía sexual del otro honramos su ser y honramos el nuestro. Una vida sexual sana nos lleva a experimentar la vulnerabilidad máxima del ser humano, a abrir los sentimientos más profundos, más vulnerables del ser humano; lo que además de ser muy sanador, brinda placer y favorece la conexión. Por supuesto, me refiero a una sexualidad que parte desde el amor, la intimidad y la libre voluntad. Cuando no es así, es un tema muy delicado, sobre el cual existen muchos libros escritos por terapeutas expertos en la materia, que no pretendo tocar aquí.

La sexualidad y la espiritualidad regidas por el erotismo elevan y nutren una relación y se vuelven inseparables. Ambas juegan un papel importante de expansión, de fusión y despertar de la conciencia. El flujo de energía que se da a través de los cuerpos, es la manera en que une y restauran su balance.

El "éxtasis" —palabra que proviene de *stasis* y significa, "lucha"— es enfrentarse a salir de uno para ir al encuentro con el otro. Cuando esto sucede, entra el "entusiasmo", que es "Dios dentro de mí", es decir, el dios que se apropia de ese espacio que queda vacío. Por eso para los enamorados desaparece el tiempo y el espacio: si antes eran dos, con la energía del amor se vuelven uno en un acto extático.

Ahora te invito a originar y nutrir más Eros en tu vida. Procura los aromas, la seducción, la música, la belleza, el juego, el tiempo, los detalles y las caricias.

Puntos a recordar:
1. Cierra los ojos y percibe la energía que corre por todo tu cuerpo, es la vida misma.
2. Cuando sientas tensión en alguna parte de tu cuerpo mentalmente mueve el *chi* por esos puntos de bloqueo para ayudar a liberarla.
3. Procura terminar tu baño diario con agua fría.

4. Para liberar la energía atrapada en la fascia, estira todas las partes de tu cuerpo, practica yoga o recurre a un masaje de tipo terapéutico.

5. Haz ejercicio, de moderado a intenso, por lo menos durante dos horas y media a la semana.

6. Mantente en forma, hoy en día es lo más sexy y atractivo.

7. Trata bien a tus huéspedes internos. Consume a diario alimentos fermentados como kefir, sauerkraut, pepinillos, kombucha, miso y yogurt natural.

8. Consume frutas y verduras, tu energía aumenta, tu piel se hidrata, se limpia; tu sistema inmunológico se fortalece, el hígado se desintoxica.

9. Elimina el azúcar, es lo que más aman las bacterias malas.

10. Tu sueño es sagrado. Procura dormir entre siete y nueve horas diarias.

11. Escucha música, tu productividad aumenta en un 200 por ciento.

12. Para alinear tus *chakras* o centros energéticos medita, aquieta tu cuerpo, detente a respirar, sal a la naturaleza o practica yoga.

13. Para cambiar tu vida, cambia tu conversación interna. No te permitas hablarte mal.

14. Hablar de manera positiva de otros se reflejará en ti.

15. Estar alegre no sólo te llena de energía, conviértelo en un camino espiritual.

16. Ten conversaciones incómodas, siempre habla con la verdad, aunque duela.

17. El carisma genuino es el que surge desde la coherencia de tú corazón al crear una emoción de aprecio, gratitud y amor.

18. Respira de corazón. El equilibrio que le das a tu SNA se asemeja a darle un masaje interno a todos tus órganos.

19. Lo que creas en el corazón, lo creas en la vida; siempre hay una reciprocidad.

20. Experimenta el erotismo de manera consciente a través de todos tus sentidos, sin prisas.

3

ENERGÍA *mental*

LA ENERGÍA DE
TU ATENCIÓN

"Ser bueno o malo, ser hábil o torpe: en realidad, no importa.
Lo único importante es prestar atención, serenarse y aguzar el oído."

HARUKI MURAKAMI

Un súper poder

Caminé en la playa durante una hora y a mi regreso me di cuenta de que simplemente ¡no la vi, no la disfruté! Me olvidé del privilegio que es estar en un lugar así de hermoso como el mar. Mi mente se dedicó a pensar, pensar y pensar; se fue a pendientes, al pasado, al futuro, en fin... estuve, pero no estuve. ¡Sabes a qué me refiero!

Lo mismo sucede con la familia, los amigos o en situaciones de trabajo... estamos, pero no estamos. ¿Qué pasa cuando tu hijo te platica de su partido de fútbol en el colegio; cuando estás con tu mamá, ya grande, y quizá pone a prueba tu paciencia; cuando tu pareja desea sentirse escuchada al compartir el día difícil que tuvo? ¿Dónde estás? ¿Dónde estamos?

¿Cómo te sientes cuando al platicar no te hacen el menor caso y tu interlocutor —llámese hijo, pareja o amigo— sólo atiende a su celular como si su vida dependiera de ello; como si *nuestra* vida dependiera de ello?

¿Sabías que una persona promedio consume la asombrosa cantidad de alrededor de 13 horas al día frente a aparatos electrónicos?, de acuerdo con estudios. ¡Es muchísimo! En especial la generación de los llamados *millenials*. Pero también los muy jóvenes, los niños y, tristemente cada vez más, los bebés y los adultos. Las redes sociales, chats, juegos, memes, se han convertido en el principal enemigo de toda verdadera relación. Y las relaciones más importantes —familia, amigos, colegas— se ven principalmente afectadas por esta afición y sueño de pertenencia, donde por lo general... la adicción gana.

Todo lo que te distrae se considera un desgaste de energía. Por otro lado, también existen distractores de nuestra atención como el diálogo incesante de la mente, que no para de hablar; las sensaciones físicas como cansancio, sueño, hambre, sed; el exceso de trabajo; el rencor y el desorden en tus lugares de estar, de trabajar o en tu coche.

Es un súper poder

Como ya vimos, aquello a lo que le pones tu atención, crece. Lo comprobamos en la relación con un hijo, una planta, una noticia, una amistad, una bendición, un proyecto, incluso y en especial, un achaque. Basta que le dediques tiempo, palabras y energía para que cualquier cosa se fortalezca y crezca. Pareciera que es magia, pues no importa si se trata de algo positivo o negativo, sano o nocivo, de todas maneras, crece. Como bien dice Mark Manson en su libro *The subtle art of not giving a fuck*: "Evitar el sufrimiento es una forma de sufrimiento." Evitar los problemas es un problema. La negación del fracaso es un fracaso. Esconder lo que causa pena o vergüenza es, en sí una vergüenza.

Podríamos afirmar que la atención es un súper poder: tiene la capacidad de dar vida, de nutrir y de tonificar todo a lo que se dirige.

La atención es algo tan potente que la mayoría de las formas de vida invierten una buena cantidad de energía para obtenerla del mundo que les rodea. Por ejemplo, los bebés lloran por ella, las mascotas hacen todas sus monerías para conseguirla, nuestro cuerpo nos la reclama de diversas maneras y las plantas, los árboles y las flores la agradecen al crecer y dar frutos. Todos la necesitamos para sobrevivir.

Simplemente, ¿cómo te sientes cuando alguien te pone atención, te escucha y te mira sin distracción alguna? Genera en ti una enorme gratitud, aceptación, pertenencia, amor y conexión ¿cierto? Bien visto, no podríamos vivir sin ese gran ingrediente que da vida y se llama: atención.

Evita dar las migajas de tu atención

Podríamos comparar la energía de tu atención con un rayo láser, cuya fuerza y concentración crea un haz de luz coherente y poderoso que puede modificar por completo su objetivo. Y en la comunicación que hoy tenemos —gracias a las pantallas— ese rayo láser se diluye y se asemeja más al tipo de luz que emite un foco de bajo voltaje: su alcance es débil, general, difuso, no ilumina bien nada. Y sin luz, las personas y las cosas simplemente desaparecemos.

Además, esa energía de la atención, la gastamos y derrochamos a diario ¡sin siquiera darnos cuenta!, de hecho —como lo mencionamos— las redes sociales nos la roban sin piedad. Y a los nuestros solemos dejarles sólo las migajas de nuestra atención en cuanto escuchamos cualquier sonidito del dispositivo electrónico. Pero ojo, cuando dejas de dar atención a tus hijos, a tu pareja, a las personas o a las cosas, las dañas y las lastimas, a veces de manera irremediable. Condenas dichas relaciones a una especie de muerte lenta.

Pongamos un ejemplo: cuando vas a un parque con un bebé en la carriola, ¿en qué crees que fijarás tu atención? Claro, en otros papás que se encuentren en la misma situación que tú. Quizá te fijes en el tamaño y marca de la carriola, en los aditamentos que tenga o carezca, así como en la edad de los papás. Aunque muchas otras cosas cohabitan en el mismo parque, nunca les pusiste atención. ¿Cierto? Y al no hacerlo, simplemente para ti, no existieron. A eso los físicos le llaman "colapsar la onda". Es decir, como si todo a tu alrededor fuera líquido y con la energía de tu atención lo solidificaras y lo convirtieras en gelatina. Lo vuelves real.

Lo que ves, oyes y experimentas a través de tus cinco sentidos, siempre dependerá de lo que has decidido ver, oír y experimentar. Es como elegir un canal de televisión de lo que sí quieres ver y al hacerlo, renunciar a ver las otras opciones.

De ahí la importancia de a qué le concedes tu atención.

Tu atención atrae las casualidades

Haz el experimento de elegir de manera consciente qué quieres ver... y te sorprenderá qué sucede. Te comento que durante todo el tiempo que me tomó escribir este libro, una vez que puse mi atención en el tema de la energía, llegaba a mí toda clase de información acerca de ella, a través de libros, seminarios, cursos en línea, conversaciones, podcasts, artículos y demás. Pareciera que con mi intención, y atención, yo hubiera atraído todas las casualidades a mí. En verdad fue asombroso. Te invito a hacer la prueba a no ver, oír, repetir, ninguna clase de eventos que no desees que sucedan en tu vida. Proponte cada mañana sólo escuchar, repetir y transmitir el bien bajo cualquier circunstancia, a pesar de que todo parezca ser lo contrario y renueva tu propósito durante el día.

Alice Summer Herz —mujer a quien admiro—, es un gran ejemplo de que el mundo sólo te refleja aquello que quieres ver. Una mujer que sobrevivió al campo de concentración, al que vio como un regalo y murió a los 110 años. A pesar de la tragedia, siempre vivió feliz e independiente gracias a su actitud y pasión por la música. En su libro *El jardín del Edén en el Infierno,* encuentras frases que te sacuden y muestran su visión de la vida: "Conozco el mal, pero decido ver el bien." "El optimismo es el secreto." "Agradezco haber sobrevivido; agradezco todo, estar viva, y que a donde volteo, hay belleza." "El odio se come al alma del que odia, no del odiado", palabras que invitan a imitarla y a repetirlas cual mantras.

Hagamos un ejercicio

"Hagamos un ejercicio —nos dijo Kiwi Lukangakye, el maestro, a los alumnos de clase—. La mitad de ustedes haga favor de salir del salón mientras les doy las instrucciones al resto de los que permanecerán aquí. —Y continuó—. Cuando sus compañeros regresen, quiero que les compartan una historia importante, significativa en su vida. Lo harán en tres partes: un minuto de introducción, después un minuto en el que contarán lo más relevante y por último cerrarán con un minuto de lo que esa experiencia les dejó en su vida."

Posteriormente, el maestro salió a instruir a la otra mitad de alumnos sobre su tarea, que constaría en regresar al salón y sentarse frente a algún compañero elegido al azar, lo escucharían durante el primer minuto de su narración sin expresión en la cara, totalmente indiferentes al relato. Durante el segundo minuto tomarían su celular y se distraerían con cualquier cosa; ignorando por completo al otro —la energía del lugar se volvió tensa e incómoda—. Y ya en los últimos sesenta segundos, deberían escuchar con toda atención al compañero.

Al término del ejercicio, todos los participantes expresamos nuestro sentir: "Me sentí ignorada", "sentí que mi tema era poco interesante", "me sentí rechazado", "insegura", "abandonado", "me dieron ganas de levantarme e irme", incluso una compañera se soltó a llorar.

El resultado fue tan impactante que hoy lo incluyo en mis seminarios, en el tema de comunicación.

Paola, por ejemplo, una compañera casada, madre de cuatro hijos, que trabaja y lleva una casa, le tocó ser del equipo de las ignoradas. "El ejercicio me marcó por completo; me hizo ver la cantidad de veces que yo les he hecho esto a mis hijos y a mi marido. Suelo atender tantas cosas en el momento que alguno de mis hijos me habla, en especial el celular, que finjo hacerles caso: «Sí, sí, dime te escucho...» Les digo con la mirada en la pantalla. Estoy segura de que se sienten tan mal como yo me acabo de sentir, ¡qué horror!"

Es un hecho que la energía de nuestra atención es muy poderosa y requiere de invertir, de corazón, tiempo y esfuerzo. Cuando la obsequias a alguien, desde ese lugar, le entregas el mensaje de "te veo, te escucho, eres importante y te aprecio". Incluso, la mayoría de las infidelidades no se dan por buscar sexo como tal, sino por una necesidad de vincularse, de sentirse escuchado, importante para el otro, tal como lo narra la periodista Michael Drury en su libro —que te recomiendo— *Consejos de una vieja amante a una joven esposa*. ¿Te das cuenta?

Además, en el momento en que decides darle a alguien el poder de tu atención, tú también recibes un regalo: te conoces más a ti. Por lo tanto, la pregunta central que te invito a plantearte es ¿a qué o a quién le quiero dar dicho regalo? Esa decisión no debe surgir del ego, el interés, la falsedad, ni de lo que la sociedad dicte o ponga de moda. La decisión debe surgir de tu yo profundo; de la generosidad, de la voluntad de entrega y de voltear los reflectores internos hacia la persona o situación y olvidarte por un rato de ti.

Con los niños he comprobado que el tiempo que les dediques con tu atención, te lo regresan con creces en forma de cariño. Entonces compruebas lo que dice Esther Hicks: "El

Universo no oye lo que dices; el Universo oye lo que sientes." Y responde de la misma manera.

Es así que, como dijimos, cuando enfocas tu atención en todo lo bueno que el mundo te ofrece, te maravillarás de comprobarlo. Lo único que tienes que hacer es entrenar a tu mente a enfocarse sólo en lo bueno, lo nutritivo y lo bonito de la vida.

Nadie puede hacerlo más que tú. Recuerda que el Universo siempre te regresa lo que lanzas de manera energética. Así que, si quieres paz, sé paz. Si quieres amor, sé amor. Si quieres servicio, sé servicio. Lo similar atrae lo similar.

¿De dónde surge tu atención?

La respuesta ineludible es: de la conciencia, la cual se expresa a través de cada uno de nosotros. ¿Y qué es la conciencia? El Taoísmo diría que es algo que no se puede describir. Sin embargo, podríamos señalar que es aquello sin tiempo ni espacio que subyace a toda condición, forma y creación. Desde la formación del universo, hasta la unión de los átomos que conforman cada partícula del cuerpo. Es lo que da vida a la vida, es la fuerza más allá de tus cinco sentidos que ve a través de tus ojos y nos diferencia de todas las especies vivas.

Los físicos le llamarían campo unificado, campo de potencial y otras corrientes le dan la definición que más me gusta: amor. De eso es de lo que está hecha nuestra esencia, nuestra casa interna, nuestro yo, y eso es lo que regalamos.

Recuerda el súper poder que tienes para nutrir y hacer crecer lo que deseas transformar. ¿A qué le pones tu atención?

La fuerza de sólo una cosa a la vez

Es absurdo pero hemos convertido en un tema de orgullo, incluso de adicción, la práctica de sentirnos útiles e importantes y lo único que nos causa es niveles más altos de estrés, frustración, esfuerzo mental, problemas en las relaciones, sensación de que el tiempo no alcanza y sobrecarga mental. Incluso, le damos un término que suena "importante" y es el llamado "multitasking", o realizar mil cosas a la vez. Así la energía de nuestra atención se dispersa y diluye por completo.

Veamos el poder que tiene hacer una sola cosa a la vez.

¿Te ha tocado ver esas grandes figuras que realizan con fichas de dominó acomodadas una tras de la otra? Cuando tiran la primera ficha, en segundos, esa pieza cae sobre la otra y ésta sobre otra más, derribando toda la hilera o la serie de hileras que con paciencia una o muchas personas acomodaron durante horas, días o meses. Verlo hipnotiza al observador y provoca entre emoción y desencanto. Quizá porque nos enfrenta con lo efímero de la vida.

Lo curioso es ver que la casi nula fuerza de la primera pieza se incrementa por acumulación hasta llegar, en este caso, hasta 94,000 julios (unidad para medir energía, trabajo y calor), que se pueden comparar con la energía que un hombre de tamaño promedio necesitaría para realizar 545 lagartijas, como lo narran Gary Keller y Jay Papasan en su libro *The One Thing* ¿Te imaginas?

Si has tenido en mente realizar un proyecto, el deseo de adquirir un hábito, de lograr un sueño, lo importante es empezar con la casi nula fuerza de la primera ficha. ¿Que no tienes todo lo necesario? No importa. ¿Que no es perfecto? Tampoco. Haz una lista de todo lo que deberías tener y elimina cosas, tacha lo irrelevante hasta quedarte con *una* cosa imprescindible, esencial, imperativa. Dale tu energía a sólo una cosa a la vez. Lo importante es empezar.

Enfócate. Para encontrar lo realmente importante en las diversas áreas de tu vida, pregúntate: ¿Cuál es *una* cosa que al hacerla todo lo demás se vuelve más fácil? Ya sea en tu salud física, en tu vida espiritual, en tu vida personal, en tus relaciones importantes, en tu trabajo, en tu negocio o en tus finanzas.

Aquí algunas sugerencias:

- En tu vida espiritual ¿cuál es *una* cosa que puedes hacer para ayudar a los demás?
- En tu salud física ¿cuál es *una* cosa que puedes hacer para lograr bajar de peso?
- En tu vida personal ¿cuál es *una* cosa que puedes hacer para encontrar tiempo para ti?
- En tus relaciones ¿cuál es *una* cosa que puedes hacer para mejorar la relación con tu pareja?
- En tu negocio ¿cuál es *una* cosa que puedes hacer para ser más competitivo?
- Una cosa a la vez. Hazlo y reducirás notoriamente el estrés, te sentirás más tranquilo y más despejado mentalmente.

Atención plena

Para tocar lo que le da sentido a tu vida y conseguir lo que deseas, alinearte es la clave. De la misma manera que al voltear al cielo ves un espacio infinito e interminable, dentro de ti existe esa misma dimensión inagotable. Conéctate con esa energía poderosa, envuélvete en ella y descubre una nueva forma de estar en el mundo. Eso es alienarte.

¿Cómo lograrlo?

1. Silencia tus pensamientos y ábrete a la experiencia de sentir tu verdadero ser, de conocerlo y de visitar ese lugar en donde todo es perfecto, tú eres perfecto. Esto es lo que por siglos las religiones y las diversas creencias

espirituales nos han dicho que es el medio para encontrar nuestro camino en la vida.

Esta práctica se conoce como *atención plena* o *mindfulness*, y te da el poder de tocar la felicidad en cualquier momento, sin importar dónde o con quién te encuentres.

2. Para llegar a ese lugar, te invito a practicar —una vez más— lo que todas las tradiciones místicas y religiosas por siglos han afirmado: respirar.

Estoy segura de que sabes, incluso has practicado con frecuencia, diversas técnicas de respiración. Todas son muy buenas, siempre y cuando las realicemos.

Si has leído alguno de mis libros, sabrás que es un tema recurrente en muchos de ellos, sin embargo, lo retomo porque en verdad es la base, el secreto, la puerta para llegar a nuestro interior. Y, sin embargo, ¡se nos olvida tan fácil!

Pon en práctica la "Respiración de corazón", que vimos en el apartado "La energía es tu poder personal", así verás cómo todo dentro y fuera de ti mejora.

LA ENERGÍA DE TU INTENCIÓN

"En el momento en que te comprometes a algo, la Providencia actúa. Todo tipo de cosas ocurren para ayudar en eso que de otra manera, no hubiera ocurrido... accidentes inesperados, encuentros y ayuda de material, que ningún individuo pudo haber soñado le llegaría."

JOHANN WOLFGANG VON GOETHE

El karma ¿existe?

A veces creemos que sólo lo que vemos, tocamos, saboreamos, olemos y sentimos es lo único que el mundo nos ofrece. Sin embargo, los científicos afirman que percibimos menos del uno por ciento de la realidad. Ignoramos que lo más importante no se ve; y no porque no veas algo, significa que no exista. ¿De acuerdo? Vimos que, este mundo lo captas con los sentidos, el otro mundo, el del campo unificado, con la conciencia.

El *Kybalión*, publicado en el siglo XIX, recopila principios de la antigua sabiduría hermética. Esta colección de saberes se atribuye a Hermes Trismegisto, quien, según la leyenda, fue guía de Abraham en el antiguo Egipto. Se dice que muchas de las grandes corrientes herméticas, espirituales y esotéricas basan sus conocimientos en esas enseñanzas.

Una de sus siete leyes universales es la ley de la causa y el efecto, conocida también como ley del karma. Tan sencilla de entender como arrojar una pelota de tenis al cielo que seguro y sin duda, regresa.

La palabra *karma* proviene del sánscrito y se puede traducir como "acto". La ley del karma nos dice que todo acto tiene una consecuencia y acarrea un movimiento de energía. Es decir, que toda causa tiene su efecto y todo efecto tiene una causa que la creó. De manera simple, como lo mencionamos: lo que das, regresa.

Lo que das, de manera inesperada, te regresa

En apariencia, lo que sucedió puede leerse como una casualidad, un encuentro fortuito o una situación producto del alcohol. Así lo leyó Pablo, mi esposo. Sin embargo, para mí la experiencia fue profunda, misteriosa y significativa, resultado de la implacable ley del Universo de la causa y el efecto o del karma, no sabría cómo llamarle.

Estoy convencida de que en la vida nada es casualidad.

Las personas, los eventos, las experiencias que se cruzan en nuestro camino no lo hacen por accidente, están orquestadas por un Poder Superior que todavía no comprendemos.

Si bien siempre he sabido que la vida es como un *boomerang*, que todo lo que haces te regresa de alguna forma, nunca lo había visto de manera tan rápida y precisa como ese viernes por la noche.

Era un jueves cuando Pablo y yo acudimos a cenar a un restaurante en la ciudad de San Francisco, California, famoso por sus cortes de carne, mismos que disfrutamos muchísimo.

A la hora de pedir la cuenta, Pablo sacó la tarjeta y al revisar la nota se percató de que habían cometido un enorme error: "Mira —me dijo— se equivocaron, la cuenta es como de la quinta parte de lo que consumimos." Por supuesto era la de otra mesa. La cajera hubiera recibido el pago sin ningún extrañamiento, la mesera hubiera recogido la carpetita negra con el *voucher* firmado y nosotros podríamos salir del restaurante con la sensación de habernos sacado la lotería.

En cambio, Pablo llamó en ese momento a la mesera de origen japonés que, al enterarse del error y de la caballerosidad de mi esposo, le agradeció enormemente el detalle y nos acompañó hasta la puerta llena de gratitud, no sin antes explicarnos los días que se hubiera quedado sin ganar un solo centavo para reponer el error.

Nos acostamos con el sentimiento agradable que da hacer lo correcto y nada más, pero la historia no acaba ahí.

Al día siguiente, para celebrar nuestro 45 aniversario y despedirnos de San Francisco, fuimos a cenar a otro restaurante, con la advertencia previa de que era un poco costoso —la ocasión lo ameritaba.

Una vez instalados, admiramos los detalles meticulosamente cuidados del restaurante: la vajilla, las flores, la decoración. En fin, en eso estábamos cuando acomodaron a una pareja en la mesa contigua a la nuestra. A lo largo de la cena cruzamos miradas de amabilidad y, por la plática con el capitán, se percataron de que éramos de México.

En un momento, Pablo se levantó al baño y el señor se sentó junto a mí, con una copa de vino en la mano, para decirme que él y su esposa querían a los mexicanos, que no construirían ningún muro y su esposa reforzaba el comentario. Cuando mi esposo regresó a sentarse, con cara de sorpresa y medio en broma le comentó: "Puedo matar por esto...", e hizo sentir al americano que no encontraba muy apropiada su cercanía. El señor regresó a su mesa y no pasó a más la relación.

Al momento de pedir la cuenta —que esperábamos fuera un poco más alta de lo normal—, el capitán nos avisó que una persona anónima la había pagado por nosotros. De inmediato dedujimos que fueron nuestros vecinos. ¿Por qué lo hicieron? Nos sentimos entre incómodos y apenados por el monto, ni siquiera sabían nuestros nombres, ni nosotros los de ellos. Al intentar argüir algo, con gestos el señor nos indicó que no habría negociación. Les agradecimos y nos despedimos azorados.

Quizá podríamos afirmar que fue un asunto de suerte, sin embargo, la suerte no es más que el nombre que le damos a una energía, una ley universal que quizá no hemos asimilado del todo o comprendido su alcance.

Mientras Pablo no bajó de pelmazo y borracho a nuestro generoso vecino, yo quedé convencida de la ley de la causa y el efecto: lo que das, de manera inesperada, te regresa. Eso es karma.

Una ley a la que no se puede engañar

No podemos librarnos de las consecuencias de nuestros actos. Seguro te ha sucedido. Parecen coincidencias, pero no lo son, al contrario, son muestra del poder de la intención, como bien escribe Goethe en el epígrafe. Es como si el universo se confabulara para que las cosas pasaran.

La intención funciona como la electricidad. Basta que te conectes a un enchufe y todo tipo de aparatos entran en funcionamiento: el refrigerador, la computadora, el tostador, la televisión y demás. Es un campo disponible las 24 horas del día, los 365 días a la semana. Sepámoslo o no, a diario, con nuestra intención, nuestras palabras y pensamientos, pulsamos una energía con la cual, cocreamos el mundo.

Cada intención mueve una energía; la intención con la que siembres la semilla, será tu cosecha. Finalmente, el mundo sólo es un espejo. Cuando siembras una intención de manera clara en la mente y la sientes en el corazón, ésta cobra tal fuerza que puede transformarlo todo.

Si la palabra es una y el hacer es totalmente opuesto, lo que se haga pesará más que lo que se diga, es lógico ¿no? Y si bien el acto tiene un peso que genera karma, tiene más peso *la intención* con que dicho acto se lleva a cabo o con la que se pronuncian las palabras. ¿Lo imaginabas? Eso que no se ve, no se escucha y no se puede medir es la base fundamental de dicha ley.

Cuando tu intención sirve para un bien superior la mente se abre. Pero si ayudas a una causa noble desde el "tengo que hacerlo", "no queda de otra" o por lucimiento personal, es claro que no se generará buen karma. En cambio, cuando se comprende que el bien común es el bien propio y el acto se hace desde la generosidad y la voluntad genuina de ayudar, sin esperar un beneficio personal, aparte de la inevitable satisfacción, la energía de la intención algún día regresará amplificada y por donde menos lo esperas.

La respuesta se da desde la abundancia, desde la fe, desde la confianza y, por supuesto, desde el trabajo.

No olvides el pegamento...

Un cuento yogui nos narra la historia de un hombre que un día salió a caminar, así que caminó y caminó hasta perderse. Accidentalmente dio con el paraíso, pero como se sintió muy cansado pensó: "¿Dónde podré descansar y dormir?" Entonces vio a su alrededor y encontró un árbol frondoso rodeado de pasto verde muy acolchonado. Se recostó y durmió varias horas un plácido sueño.

Al despertar sintió un hueco en el estómago y pensó: "Tengo hambre", así que imaginó todas las delicias que siempre quiso comer y éstas aparecieron repentinamente, mismas que devoró sin cuestionarse nada. Una vez satisfecho, sintió sed y pensó: "Cómo me gustaría encontrar algo para beber", imaginó todas las bebidas que le gustaban y las bebidas aparecieron.

Ya con un poco de alcohol en el cuerpo, la mente inestable apareció, es decir, el chango mental comenzó a brincar y se sintió muy confundido —en la tradición yogui, la mente se asocia con el chango porque ambas poseen dos cualidades muy similares: brincan de un lado a otro e imitan todo a su alrededor.

Entonces aquel hombre se cuestionó: "¿Qué pasa aquí? ¿Cómo es que sentí hambre, pensé en comida y apareció la comida, sentí sed y pensé en la bebida y ésta apareció? Seguro aquí hay fantasmas", entonces sintió miedo. Los fantasmas aparecieron. "Seguro me van a torturar", inmediatamente los fantasmas lo rodearon y lo torturaron.

Como vemos en el cuento, no basta con pensar en algo como: "Quiero que esto suceda" o repetirlo cien veces a diario. El poder de la intención, palabra que viene del latín intendere, "tender hacia", sólo se manifiesta cuando surge del interior. A la enunciación de un deseo le hace falta el pegamento para que se logre. Y ese pegamento es la emoción. Pensamiento y emoción son los creadores de la información que se conectará con la fuerza poderosa del universo, esa fuerza neutra y constante que es la creación.

Es por eso que la presencia y la conciencia de la intención hará que tus actos y palabras generen buen karma y, por lo tanto, que tu vida sea más armónica.

Karma e intención siempre van de la mano. Si mientes, te mentirán. Si criticas, te criticarán. Y si mandas amor, tendrás amor de regreso. Eso es... karma.

Nunca se lo imaginaron

La historia de Ramón Carlín es el perfecto ejemplo del poder de la intención y de lo que se puede lograr cuando se siembra el bien. Su historia me parece fascinante, inspiradora y motivo de orgullo para los mexicanos.

Ramón, un poblano de cincuenta años, estaba preocupado de que su hijo Enrique —entonces adolescente— quería casarse con una novia menor de edad. Decidió enviarlo a Irlanda a estudiar para distraerlo de su deseo.

En una de las visitas que su esposa y él le hicieron a su hijo, Ramón se enteró por el periódico de que pronto habría la primera gran carrera de veleros con tripulación completa, conocida entonces como la *Whitbred Race*, y se llevaría a cabo el 8 de septiembre de 1973. "Lo que me enganchó fue la aventura. Nadie sabía qué hacer. Era la primera vez que se iba alrededor del mundo con una tripulación completa y la competición iba en serio", explicó después.

A dicha carrera —hoy conocida como la *Volvo Ocean Race*— se inscribieron diecisiete de los mejores veleros del mundo con las tripulaciones más experimentadas. Se trataba de todo un acontecimiento y una novedad, por lo que muchos de sus navegantes eran los mejores de Europa o habían sido entrenados por la Marina Británica.

Ramón, apenas veinticuatro meses atrás, se había iniciado por puro gusto en el deporte de vela, en el puerto de Acapulco. Era un novato, no tenía tripulación, ni un velero propio, mucho menos del tipo que requería la carrera, que iniciaría en Portsmouth, Inglaterra. Lo que sí tenía eran ganas, muchas ganas. Él era un magnate de la venta de lavadoras y un padre de diez hijos que abandonó todo por emprender su aventura en el mar.

Vámonos alrededor del mundo

"¿Nos vamos a un viaje alrededor del mundo?" le dijo Ramón a su hijo, sin estar consciente de que su "aventura" se trataba de una carrera que desafiaba la muerte, que navegarían por los mares más inhóspitos, traicioneros y helados del planeta durante siete meses.

"¡Claro, por supuesto!" le contestó Enrique. Entonces Ramón consultó con sus amigos los detalles de la compra de un velero para dar la vuelta al mundo y se hizo de un yate Swan finlandés de 65 pies de fibra de vidrio —"del montón"— lo calificaron los ingleses e improvisó una tripulación que incluía a Paquita, su mujer, como cocinera, y a su hijo; equipo que no tuvo tiempo para entrenar.

Los periódicos ingleses se burlaban del competidor mexicano y de su maltrecha tripulación. En uno de ellos, los caricaturizaron como un puñado de marineros perezosos con sombreros de charro que bebían botellas de tequila en un bote con velas parchadas y viejas.

Carlín bautizó a su embarcación como el Sayula II, por la ciudad del Estado de Jalisco, donde nació su esposa. Durante la difícil carrera, en la que sólo llegaron 14 embarcaciones y tres marineros fallecieron, una ola golpeó al Sayula tan fuerte que éste se volteó y su tripulación cayó al mar; por fortuna todos estaban enganchados con arneses de seguridad. No sólo pudieron regresar y sobrevivir, sino que aventajaron al segundo lugar por dos días en velocidad. ¡Ganaron la carrera!

¿Qué los hizo ganar?

De acuerdo con la historia de la competencia, publicada en la página web de la carrera, y los testimonios de los tripulantes, la razón por la que ganaron fue el gran entusiasmo y liderazgo de Ramón Carlín, que trabajó al parejo que su tripulación —incluso en tareas rudimentarias—, mantenía la calma en momentos difíciles, sabía delegar, se preocupaba por darles lo mejor a sus tripulantes tanto en alimentos como en bebidas y en comodidades. Siempre tuvo muy clara su intención por ganar. "En verdad era el capitán perfecto", comentó uno de los tripulantes.

Lo dicho, la intención con la que siembres la semilla, será tu cosecha.

LA ENERGÍA DE TU INTUICIÓN

"La intuición es el susurro del alma."

KRISHNAMURTI

—

De pronto sabes y no sabes por qué sabes

¿Alguna vez te has dicho: "Ella es la persona adecuada", "lo sabía, sabía que esto no iba a funcionar", "ya me lo imaginaba", "algo me decía que estaba mintiendo", por mencionar algunos ejemplos?

Hay un saber que tiene que ver con la sabiduría del alma, del corazón, que es una torre muy poderosa de transmisión y recepción que nos revela que hay algo más grande y misteriosos que impulsa nuestra vida. Te comparto una historia que lo ilustra y que me encanta...

Las gemelas nacieron con tres meses de anticipación en Estados Unidos de Norteamérica, un día de 1997. A través de las incubadoras se veían sus cuerpecitos tan pequeños y delgados que cabían en la palma de una mano. La esperanza de vida era muy poca, en especial para la menor de ellas, quien presentaba problemas de corazón y problemas para regular su temperatura —que estaba más baja de lo normal.

Un día un golpe de intuición hizo actuar a la enfermera de guardia de la noche, al ver lo débiles que estaban. "Si en el vientre de su madre estuvieron juntas, ¿por qué no lo están aquí?" Se preguntó. Y en contra de las políticas del hospital de mantenerlas separadas y arriesgando su trabajo, tomó a la grande y la colocó en la misma incubadora de su hermana.

La sorpresa que se llevó fue enorme. La hermana, al sentirla, le pasó el brazo por la espalda y de inmediato el corazón de la chiquita se sincronizó con el de su gemela más fuerte y su temperatura se elevó a lo normal; las dos sobrevivieron.

Ese abrazo salvador, como lo llamaron los medios que difundieron la noticia, fue tan conmovedor, que su foto circuló por el mundo entero. Gracias a la intuición de la enfermera y a ese abrazo, le infundieron vida a la bebé que la tecnología más avanzada no pudo darle; se trataba del amor. Ese es el gran poder del corazón, que va más allá de ser una construcción filosófica, poética o mística imaginada y que está dentro de ti, dentro de mí, y dentro de cada habitante del planeta.

Otros ejemplos...

La intuición (viene del latín, *intuito; in,* interior; *tueri,* contemplar, observar) es la capacidad de comprender algo de modo inmediato, o bien, tener una percepción clara, íntima, instantánea de una idea o verdad, como si se tuviera a la vista y sin que medie la razón. Y se desarrolla.

Ahora bien, como las historias nos revelan mejor la información que la teoría, te comparto algunos ejemplos de intuiciones, que conocí de mis alumnos y que ilustran mejor lo anterior. Estoy segura que tú, querido lector, lectora, tienes algún relato similar, que has experimentado en carne propia, o bien, has escuchado de algún amigo o familiar.

1

Un viernes por la tarde Vero y sus amigas gozaban de una amena plática de sobremesa, mientras que sus hijos pequeños jugaban en el cuarto contiguo. "De la nada y de repente, aventé la cuchara del postre y me levanté de volada, como si una voz me gritara por dentro: «Levántate y corre a ver a tu hijo.» En cuanto abrí la puerta, vi que Rodrigo se ahogaba con un dulce que se le había atorado en la garganta, mientras su nana platicaba de espaldas con las otras nanas. No te puedo decir cómo, Gaby, pero lo supe y gracias a eso mi hijo se salvó."

2

"Cada año, los amigos de la primaria nos reunimos en las faldas del Ajusco a comer en el rancho de uno de ellos. Me tocó cocinar una pierna en el horno de leña cuya cocción tardaría varias horas. «Gerardo, ¿quieres montar?», me preguntó mi amigo. «Sí, claro», le respondí. Toda mi vida he montado y el caballo de mi amigo debe ser tranquilo, pensé.

En el momento en que trajeron el caballo, vi que la silla era tipo albardón y no charra, que es a la que estoy acostumbrado. Sentí una contracción en el pecho y escuché una vocecita que me dijo: «No te subas al caballo.» «¡Bah! —me dije—, si sé montar y el caballo es de mi amigo, debe ser tranquilo».

Todo este diálogo interior duró segundos. Luego me tomé de la crin para montar al caballo y en el instante se arrancó a correr. Cuando pude alcanzar las riendas para frenarlo, reparó, por lo que salí volando y me rompí la muñeca. Terminé en el hospital."

3

"Cuando mi esposo se despidió para irse de viaje presentí algo malo. Esa noche no pude dormir. En la madrugada me llamaron para avisarme que el avión en el que volaba a Chile se había caído", me contó Lorena.

4

Corrían los inicios de los años sesenta, cuando Antonio se citó con su amigo Juan José en el bar de un restaurante de moda en la Zona Rosa, llamado La Ronda, para tomar una copa después de trabajar. Mientras charlaban, Antonio sintió algo e interrumpió a su amigo:

—Permíteme tantito, tengo que hacer una llamada —le dijo, y se dirigió a un teléfono público, que funcionaba con una moneda de veinte centavos y se localizaba a unos cuantos metros del lugar. Mientras marcaba el número, escuchó una explosión que salía de la cocina del restaurante y vio que invadía la zona de la barra. Antonio quedó perplejo al percatarse de que el fuego alcanzaba el lugar en donde él se encontraba segundos antes. Era una explosión de gas, en la que su amigo Juan José murió trágicamente, con otros parroquianos.

¿Cómo te explicas este tipo de fenómenos?

La ciencia concuerda en que en el universo todo es un cúmulo de energía que se interconecta; desde la más densa y sólida como las piedras, hasta la más sutil, como el latido de nuestro corazón o las vibraciones que emanamos y percibimos de otros. Todo pulsa con vibraciones.

De acuerdo con los expertos, la región verbal en el cerebro procesa cerca de 40 bits de información por segundo; en cambio, la no verbal, procesa unos ¡11 millones de bits de información por segundo! ¿Te das cuenta? Es decir, cuando enfocas tu atención en ese mundo no medible, tienes mucho mayor acceso a la creatividad y a la intuición.

Por otro lado, el corazón tiene 40 mil neuronas que pueden pensar, aprender, recordar y tomar decisiones independientes a las del cerebro craneal. La manera en que se expresan es a través de "corazonadas" que te muestran el camino a seguir. La respuesta es un sentir, más que un saber, pero hay que estar atentos; lo único que requiere es un viaje de 30 centímetros: de la cabeza al corazón.

Un poder mayor que el conocimiento

Hoy se sabe que la intuición es una característica de líderes, y un grupo de científicos de Australian Graduate School of Entrepreneurship, lo demostró.

Estas historias, como tantos emprendedores con nuevas ideas, nuevas aplicaciones, nuevos inventos, nos demuestran que el conocimiento hoy en día ya no es poder, pues está al alcance de Google y de todos. Hoy, lo que se requiere, lo que las empresas buscan, es desarrollar otro tipo de sabiduría que no obtiene títulos ni posgrados; no se puede medir, pesar, incluso ni ver, sin embargo nos ayuda a vivir un mundo mejor y una vida más plena.

Un día dichos científicos, se reunieron para analizar si la intuición era un factor característico en los emprendedores que habían logrado el éxito repetidas veces en el mundo.

Los resultados mostraron que sí, ochenta por ciento de los empresarios exitosos siempre confiaron en su intuición en el momento de tomar decisiones importantes, a diferencia de quienes no habían tenido logros en sus vidas.

Para muestra un botón: Steve Jobs fue uno de esos grandes líderes que guio su vida de acuerdo a lo que el corazón le dictaba. "Ten el valor de seguir a tu corazón e intuición, ellos de alguna forma ya saben en lo que verdaderamente deseas convertirte. Todo lo demás es secundario", expresó a los graduados de la Universidad de Stanford en 2005. Bill Gates, por su lado, admite que a menudo se guía por la intuición. Mark Zuckerberg, creador con otros amigos de Facebook, confió con sus camaradas en su intuición para desarrollar su exitosa plataforma. Otros han encontrado soluciones en sus sueños, como Elias Howe, creador de la máquina de coser, por mencionar algunos.

Mucha gente es muy sabia, muy exitosa, pero quizá se le dificulte articular el porqué de su sabiduría o de su éxito, debido a que es intuitiva. Para acceder a ese mundo de energía pura, tenemos que desaprender lo que nos enseñaron sobre el significado de ser inteligente. Por eso, desde que el hombre es hombre, las culturas, las religiones y los filósofos nos han pedido: escucha y sigue la sabiduría de tu corazón.

Albert Einstein decía: "La única cosa realmente valiosa es la intuición." Es un canal que hay entre nosotros y el Universo. Es el acceso directo a la sabiduría universal que al escucharla nos guía por el camino adecuado. También afirmaba: "La mente intuitiva es un regalo sagrado y la mente racional un siervo leal. Pero hemos honrado al siervo y olvidado el regalo."

¿Por qué no la escuchas?

Una corazonada se da en cualquier momento. Hay que estar atentos a reconocerla, a escucharla. Sin embargo, hay tres razones por las cuales no atendemos nuestra intuición:

a) No nos gusta o "no conviene" escuchar lo que nos dice.

b) No estamos familiarizados con su lenguaje y lo descartamos.

c) La energía de información se "freezea"

Veamos:

a) **No nos gusta o "no conviene" escuchar lo que nos dice.** El ego suele gritar una cosa que le conviene para seguir al mando y creo que todos alguna vez comprobamos que aquella vocecita más tenue que nos decía "no hagas esto", finalmente tenía razón. Recuerda que la intuición es una sabiduría conectada con esa Fuente superior, Maestro interior, así que más vale hacerle caso porque siempre, siempre, tiene la razón.

b) **No estamos familiarizados con su lenguaje.** Tu cuerpo es tu mejor termómetro; tiene maneras de expresarse cuando algo impacta su nivel energético o bloquea tu sistema. Y su lenguaje es sutil, certero y puede pronunciarse de varias formas:

- Una presión en el estómago, por ejemplo cuando vas a cierto lugar.
- Te agotas cuando estás con determinada persona.
- Una pequeña ansiedad.
- Tos repentina cuando quieres expresar algo y no puedes.
- Una vocecita que te dice al oído lo que te conviene o no hacer en ese preciso momento.
- Alguna contractura muscular.
- Una enfermedad.
- Una sensación de que algo se atora en la garganta.
- Imágenes, sueños, revelaciones.
- Sentimientos, presentimientos.
- Sensaciones viscerales.

En cambio, habrás notado que cuando estás en el camino correcto y haces lo que te gusta, todo fluye, no te duele nada, te sientes bien, lleno de energía, pleno y satisfecho. Es por eso que el cuerpo es el mejor termómetro para saber que vas bien y haces lo correcto.

Lo importante es que respetes lo que sientes en el momento. Y si a medianoche te despiertas inesperadamente con algo en la cabeza, es que esa "intuición" trabaja inconscientemente por ti. Hazle caso, apréciala, que, de alguna extraña manera, brota como manantial.

c) **La energía de la información se "freezea".** Sí, como tu computadora, también tu intuición se *freezea* cuando:
- Vives con la mirada en lo exterior, cuando tratas de atender muchas cosas a la vez y, peor aún, cuando vives con prisa.
- Cuando vives conectado a todo tipo de pantallas.
- Cuando por las palabras, los saludos, las máscaras, no escuchas los mensajes que tu cuerpo, tu intuición y tu corazón susurran.
- Cuando tu mente no para de juzgar, comparar, criticar o analizar y ver todo aquello que no tienes.
- Cuando la abordas desde una mente desesperada; es más accesible desde la serenidad de un corazón abierto.
- Cuando adoptas una actitud de "sabelotodo".

Todos llegamos al mundo con ese GPS integrado. Ignorarlo es negarnos a prender todo su potencial para que nos guie. Una vez que aprendes a confiar en las señales que tu cuerpo te envía, apreciarás la información que recibes, no sólo acerca de lo que sucede a tu alrededor sino también en tu cuerpo.

Conoce los tres tipos de intuición

Las investigaciones del Heartmath Institute nos muestran que existen tres tipos de intuición:

a) el conocimiento implícito.
b) la sensibilidad energética.
c) la intuición no local.

a) **Conocimiento implícito**. La mayoría de los libros sobre intuición se refieren a este tipo y se trata de lo siguiente: con frecuencia, como lo mencionamos, sucede que no sabemos cosas que sabemos que sabemos. Es decir, hay ciertos temas que de niño viste, escuchaste, experimentaste o aprendiste, de una maestra, de tu abuela, de tu papá, pero de adulto los has olvidado. Y hoy, por ejemplo, enfrentas un reto, que quizá en el momento no puedes solucionar, así que le das unas cuantas vueltas en la cabeza, después te distraes y lo dejas a un lado. Sin embargo, el cerebro continúa trabajando en los archivos de tu memoria de manera inconsciente y cuando menos lo esperas —quizá mientras estas en la regadera o manejas, ¡pum!— la solución brinca a la mente.

Otra muestra de este tipo de intuición se da, por ejemplo, en personas que dedican su vida a trabajar diez o veinte años en determinada área y se vuelven expertos en la materia. Por ello, pueden detectar sutilezas que causarán un problema en el futuro y que quizá cualquier otra persona, sin su experiencia, nunca captaría.

Hay una historia muy famosa que se publicó en el libro *Inteligencia intuitiva* de Malcolm Gladwell (que te recomiendo leer).

En septiembre de 1983, un corredor de arte se acercó al Museo Paul Getty, que iniciaba en California, para venderles una escultura de mármol del siglo VI a.C. —de las cuales había muy pocas en el mundo— por 10 millones de dólares. Los dueños estaban muy entusiasmados con la compra.

Los científicos en el museo la estudiaron e hicieron todo tipo de pruebas para comprobar su autenticidad. ¡Perfecto! Catorce meses después, la compraron. Todos los periódicos del mundo hablaban de ello. Pero, para uno de los miembros del consejo del museo, con gran experiencia en arte, algo no cuadraba. Cuando se la mostraron por primera vez, de inmediato se dijo: "Es falsa", le notó algo en las uñas que le hacía ruido. Sin embargo, ¿cómo contradecir a los científicos?

Llamaron a otra experta en arte, quien en el momento en que descubrieron la escultura, a golpe de vista, también supo que era falsa. ¡Cómo! Después de una gran controversia, muchos estudios de diversos expertos en el mundo, comparaciones con las originales y nuevas pruebas, se concluyó que, en efecto, era una copia realizada en 1980 y que habían envejecido el material a través de un método especial.

¿Qué sucedió? Quizá que, tanto los dueños del museo como los científicos, tenían tantas ganas de hacerse de la pieza, y que fuera original, que no querían ver o pasaron por alto lo que su intuición les decía.

Hoy en el catálogo del museo Paul Getty está la foto de la famosa escultura con un letrero que dice: "Alrededor de 590 a.C. o una falsificación moderna."

Esa inteligencia intuitiva te la da también, como dijimos, las horas de vuelo que tengas de trabajar en determinada área. Ese es el valor de las personas con experiencia.

b) Sensibilidad energética. Este otro tipo de intuición se refiere a la habilidad que algunas personas tienen —gracias a su sistema nervioso— de detectar cambios e información en las señales del ambiente. Por ejemplo, quizá te ha sucedido que al estar de espaldas a alguien sientes el peso de su mirada, aunque se encuentre a metros de distancia. Muchos estudios muestran que este tipo de intuición es real.

También estas personas detectan señales magnéticas o estados de ánimo de otras personas con sólo verlas; incluso, pueden sentir temblores en la tierra antes de que sucedan. Esto es algo que, al principio, me era difícil de creer, sin embargo, en los seminarios que doy, he conocido a varias personas que han pre-sentido temblores. Una de ellas me comentó: "Mi esposo y mis hijos no me creían, pero despúes del temblor, de bruja no me bajaban."

Lo que sienten es el campo magnético de la tierra, tal como lo pueden detectar algunos animales. ¡Es increíble!

c) Intuición no local. Así le llaman los científicos a este tipo de intuición. Se trata de ese conocimiento o sensación de algo que no se puede explicar por experiencias pasadas u olvidadas. Es cuando una persona sabe de antemano que algo en especial va a ocurrir o ya ocurrió. O bien, como seguro te ha sucedido, sueñas a una persona y, en los próximos días, sabes algo de ella, te llama o te la encuentras de casualidad; o piensas en alguien y en ese momento recibes una llamada de esa persona. ¿Cómo lo explicas? Pues numerosos estudios demuestran que este tipo de intuición también es muy real, a través de medir ondas cerebrales, actividad del corazón, conductividad de la piel y otras medidas electrofisiológicas de las personas.

Te comparto esta historia: un día de verano, como a las 9:30 de la noche, me encontraba en Ixtapa, Zihuatanejo, con mi esposo y mis hijos. Cenábamos en la terraza del hotel cuando de pronto lo "supe", lo sentí. Y, como decir "pásame la sal", le comenté a Pablo, mi esposo: "Se acaba de morir mi abuelita." En ese entonces no había celulares, por lo que me levanté a hablar a casa de mis papás y, por supuesto, me confirmaron la noticia. Me quedé petrificada.

Esto es precisamente lo que ocurrió también en los tres casos que te narré párrafos arriba.

Lo curioso es que sólo sucede con la gente que queremos, con las que tenemos un vínculo afectivo.

Las mujeres ¿más intuitivas?

Para comprender mejor de dónde surge esa "Intuición no local", Dean Radin, quien ahora es el director científico del

Institute of Noetic Sciences, en California, realizó el primer estudio.

Alimentó una computadora con fotos planeadas para tranquilizar, estimular o molestar al participante y las mezcló para que tuvieran un orden aleatorio. Los voluntarios se sentaron frente a una pantalla que mostraba las fotos a color de escenas tranquilas, como paisajes o abrazos; o bien, perturbadoras, como autopistas o cuchillos con sangre. Algunas de ellas tenían motivos eróticos cuyo fin era estimular la imaginación.

Conectados a todo tipo de monitores, que medían las reacciones fisiológicas, Radin y su equipo grabaron los cambios que se presentaban en la piel, el ritmo cardiaco y la presión sanguínea de los participantes. Descubrieron que registraban variaciones fisiológicas ¡antes de ver las fotos! Es decir, el cuerpo anticipaba de manera inconsciente la imagen y reaccionaba a ella.

La segunda prueba la realizó el científico Rollin McCraty, quien quedó fascinado con el descubrimiento de Radin y buscó ir más a fondo. Él usó el mismo sistema de mostrar fotos de manera aleatoria en una computadora, pero aumentó el monitoreo de los voluntarios con equipos médicos más sofisticados y precisos.

McCraty descubrió que las sensaciones anticipadoras, de cualquier naturaleza, buena o mala, se percibían en el corazón y en el cerebro, cuyas ondas electromagnéticas se aceleraban o se volvían más lentas antes de ver las fotos ¡Qué maravilla!

Lo más asombroso es que el corazón recibía la información momentos antes de que el cerebro la registrara; es decir, la inteligencia intuitiva reacciona más rápido de lo que la mente puede percibir y se salta procesos normales de pensamiento. "Esto sugiere que el cuerpo tiene una maquinaria perceptual que le permite escanear e intuir continuamente el futuro; sin embargo, el corazón puede ser la antena más potente." Es por eso que sí importa hacer caso a lo que tu intuición te dice.

Además, el estudio de McCraty de Heartmath demostró diferencias fascinantes entre hombres y mujeres. Las mujeres percibieron las señales segundos antes y con mayor frecuencia que los hombres. Esto comprueba lo que hemos escuchado por años: las mujeres son más intuitivas que los hombres y estamos más en contacto con nuestro centro. ¿Tú qué opinas? Ahora veamos...

¿Cómo aumentar tu intuición?

Todos llegamos al mundo con ese GPS integrado. Cuando tengas que tomar una decisión, cuando no sepas qué camino tomar, cuando quieras encontrar respuesta a una inquietud, pregúntale al corazón.

A continuación, te comparto una manera en la que podemos entrenar y afinar esa habilidad para percibir mejor la energía de los otros y de los lugares:

1. Procura espacios de silencio.
2. Camina en la naturaleza, lo que sirve para aquietar la mente.
3. Comprende que si nunca has escuchado a tu voz interior o dado crédito, lo aprenderás al igual que un idioma. La práctica lo facilita cada vez más.
4. Cuando te reunas con la familia, con compañeros de trabajo o en una fiesta, sólo observa de manera consciente, en silencio y sin juzgar.
5. Respira hondo y conéctate a ese mundo sin palabras que está dentro y fuera de ti para entrar en un estado de coherencia.

6. Trata de ir más allá de lo que las personas dicen y sólo observa el tipo de energía que emiten. Verás que pronto comenzarás a leer de manera más precisa lo que en ese momento sienten.

7. Sin juzgar, determina el estado de ánimo de cada una de ellas, por ejemplo, si es "ecuánime", está "nerviosa", "enojada", "en control", "culposa" y demás.

8. Monitoréate. ¿Cómo te sientes? ¿Qué sensaciones físicas tienes? ¿Cómo están tus emociones? Cuando estás con determinada persona, ¿cuál es tu estado de ánimo, cuál es su energía y cuál es la tuya?

9. Confía en tu instinto. Desde ese lugar, ten la seguridad de que la información es acertada.

Una vez que aprendes a confiar en las señales que tu intuición te envía, apreciarás la información que recibes, no sólo acerca de lo que sucede a tu alrededor, sino en tu vida también.

Te recuerdo que también sirve, y mucho, la técnica de "Respiración de corazón" que los científicos en HearthMath crearon para tener mayor acceso a la sabiduría del corazón, y que describimos en el apartado "La energía en tu poder personal"

Para concluir: cuando alineas tu vida, tus decisiones y tus actos con lo que el corazón te dice, aumentas al máximo la energía positiva de tu poder personal.

LA ENERGÍA EN LA MATRIX

*"La conciencia es la única realidad. El mundo
y todo lo que hay en él, son estados de conciencia."*

NEVILLE GODDARD

"Entrelazados" para siempre

Te comparto el experimento de un connotado científico
mexicano de la UNAM, quien demostró que nada está aislado
de nada. Hombre de ciencia que lamentablemente desapare-
ció de manera misteriosa en diciembre de 1994, y a quien, a
mi parecer, no se le ha dado el reconocimiento merecido.

Su nombre: Jacobo Grinberg Zylberbaum, neuropsicofi-
siólogo, autor de varios libros, apasionado investigador y pio-
nero del estudio del cerebro y la conciencia en México, desa-
parecido un día antes de festejar su cumpleaños 48.

Uno de los experimentos que dieron más reconocimiento a
Grinberg fue aquel en el que conectó a dos personas a un elec-
troencefalograma (eeg) y las ubicó en cuartos aislados, muy
separados entre sí; la primera fue expuesta a una serie de luces
estroboscópicas. Lo sorprendente fue que el patrón de las ondas cerebrales producido a partir de la percepción de sus ojos
aparecía tanto en el eeg de esa persona, como en el de la segunda, quien no estaba cerca de las luces.

Dicho experimento lo replicó más tarde el neuropsiquia-
tra inglés Peter Fenwick y obtuvo los mismos resultados.

¿A qué voy con esto? A que científicos como Grinberg y muchos otros estudiosos de la física cuántica han comprobado que nuestros pensamientos y emociones se transmiten en una especie de *web* o *matrix* holográfica que nos conecta a todos, lo que crea una interrelación entre las cosas y las personas.

Todos nos conectamos e intercambiamos energía de manera constante. Parece increíble, pero los científicos han demostrado que cuando un átomo está cerca del otro se influencian mutuamente y quedan "entrelazados" para siempre, sin importar cuánto se separen. ¡Qué tal!

Lo que me parece interesante de esta teoría es la posibilidad de que nuestros pensamientos y emociones impacten de manera positiva a las personas que nos rodean y a nuestro medio ambiente.

¿Sabías que los siete mil millones de habitantes de nuestro querido planeta generamos una energía colectiva que produce un "clima de conciencia"; y que dicho clima o atmósfera nos afecta a nivel energético y emocional, quizá más de lo que imaginamos?

Por ejemplo, veamos el impacto que tienen en nosotros los desastres naturales como los huracanes, las inundaciones y los temblores; o bien, los actos terroristas, sin importar si suceden en Medio Oriente, Europa o Norteamérica; todos sentimos sus efectos de manera indirecta. De ahí que el estrés, que la mayoría de las personas experimenta a diario, desarrolle ondas incoherentes cuya frecuencia se vuelve global y en conjunto genera un *ruido,* una *estática* que tiene un gran alcance y que nos perturba a todos en un nivel inconsciente. Incluso cuando el evento ha pasado, continúa reverberando en nosotros por días. Así, de pronto, no nos explicamos por qué nos sentimos irritables, poco tolerantes o reaccionamos de manera exagerada.

El doctor Rupert Sheldrake, de la Universidad de Harvard, explora una teoría que introdujo a finales del siglo XX y que da una posible respuesta a muchas interrogantes que han surgido respecto a este tipo de sucesos colectivos. Él lo atribuye a algo que llama "campos mórficos", o "campos morfogenéticos".

¿Qué son los campos mórficos?

Una manera sencilla de explicar el fenómeno es la que se conoce como La teoría del mono cien. Te la comparto:

En la isla de Koshima, ubicada en las aguas del Japón, un grupo de científicos alimentaba a estos monos con camotes sin lavar. Un día, una hembra descubrió que al lavar el camote en el mar lo podía pelar y quitarle la arenilla que lo cubría para que supiera mejor. Al poco tiempo todos los monos de la isla de Koshima aprendieron la técnica. Pero no sólo eso, y esto es lo curioso, lo extraño, pronto *todos* los monos del continente libres o en cautiverio, comenzaron a lavar sus camotes, sin tener contacto con los monos de Koshima y de otros lugares. ¡Increíble! ¿Cómo pasó la información de continente a continente? Rupert contesta a la comunidad científica un tanto escéptica: "¿Cómo sucede? No lo sé, pero es un hecho que sucede."

Este experimento, como otros, lo narra Sheldrake en su libro *Presencia del pasado: resonancia mórfica y hábitos de la naturaleza.*

Así como este experimento hay muchos que comprueban la teoría de los llamados campos mórficos, la cual explica, por ejemplo, que alguien en un punto del planeta invente algo y que del otro lado del mundo suceda lo mismo.

Partamos de la base de que todo lo que existe está conformado por átomos y moléculas, que son 99.999 por ciento espacio vacío —por favor manténte conmigo—. Estos campos mórficos, según el investigador, permiten la transmisión de información entre organismos de la misma especie a través del espacio vacío que conforman todos los elementos de la Tierra y por el cual estamos unidos. Tema que se entiende energéticamente por la física cuántica.

Si bien, las leyes de la física tradicional y la ciencia institucional no aceptan dicha teoría, la teoría cuántica, en el campo de las múltiples posibilidades, la investiga, como lo hacen varios físicos cuánticos, como Amit Goswami.

En la evolución, según Sheldrake, cada especie y elemento contiene un campo mórfico, que se forma con base en hábitos, experiencias, descubrimientos o pensamientos. Esto significa que cualquier ser vivo no sólo hereda un paquete genético, también un campo de información inteligente que fluye entre y por los organismos de manera inconsciente a través del tiempo y del espacio. Carl Jung lo explicaría como el "inconsciente colectivo".

La explicación de Sheldrake es que nuestra conciencia percibe e influye al instante en cualquier parte del universo, ya que ésta puede abandonar el cuerpo y viajar más deprisa que un fotón a través de ámbitos infinitos. Con esto se comprueba que hay una matrix invisible —el campo morfogenético— que conecta todo con todo, capaz de producir un efecto remoto tanto en el espacio como en el tiempo. ¡Qué tal!

Ésta es la base sobre la cual se apoyan las constelaciones familiares, —una terapia de introspección familiar—, cuyo impulsor es el sacerdote psicólogo y pedagógo alemán Bert Hellinger en los años 90, que si bien no se considera un método científico, hay muchos psicólogos que la apoyan. Esta dinámica familiar representada por personas o muñequitos, es como si las personas consteladas, en ese nuevo sistema representativo, entraran en contacto o en la resonancia del sistema familiar de la persona, a pesar del alejamiento espacio temporal ya sea que el familiar esté vivo o muerto. Por ejemplo, si la abuela sufrió un trauma muy fuerte y no lo expresó o trabajó, esa energía se transmitirá y afectará a algún hijo o nieto que, sin saber por qué, sentirá una carencia o un pesar.

Aunque te suene extraño, la teoría es que, al realizar la constelación y encontrar la causa de un problema, no sólo la persona se alivia, también todas las involucradas, además, ya no se transmitirá ese pesar a la siguiente generación.

Por otro lado, como vimos, sabemos que el ritmo de nuestro corazón genera un campo electromagnético medible en hertz, que se irradia y transmite al menos a tres metros a la redonda, como el de las ondas electromagnéticas que emiten y reciben todos nuestros aparatos electrónicos —mismas que no vemos ni escuchamos, pero nos rodean de manera constante.

La suma de dichos campos, la combinación de emociones, pensamientos y actitudes de todos es lo que forma el "clima de conciencia" global, de acuerdo con Global Coherence Initiative. Este clima inunda la atmósfera como el aire que respiramos y afecta a diario a millones de seres en el planeta.

Dicho campo energético varía de acuerdo con el estado de ánimo tuyo, mío y de los demás. En él también inciden los juicios, las proyecciones, las emociones mal manejadas, el estrés, las mentalidades poco flexibles, entre otras cuestiones. Primero se transmite de persona en persona, en hogares, familias, calles, escuelas y oficinas. Después, como noticia, los medios de comunicación se encargan de reforzarla y ampliarla a través de la radio, la televisión, las redes sociales, los periódicos y las revistas, de cuya información nos saturamos.

La buena noticia es que los expertos afirman que hay indicadores que perciben también otra energía, otra frecuencia igual de potente, de coherencia social que tiende a contrarrestar la anterior; personas como tú, que te interesas en estos temas, grupos en el mundo entero que se reúnen con un interés de crecer, de estudiar, de desarrollarse, de cooperar al bien común, de meditar, de profundizar su espiritualidad y que nos hablan de la búsqueda de algo más profundo.

Lo anterior crea una conexión de corazón, cuya energía electromagnética, radia fuera del cuerpo, influye en el otro, en el entorno y fortalece el apoyo emocional colectivo.

Mientras más personas estén conscientes de esto y aprendamos a mantener nuestras emociones bajo control, a permanecer en balance, a agradecer, a realizar actos de bondad, por pequeños que sean, a amar al otro y amar lo que hacemos, a ayudar a quien lo necesite, a enamorarnos de la vida, contribuiremos a disminuir el estrés; así, en lugar de *ruido*, crearemos una coherencia colectiva que se traduzca en una música hermosa que inunde al mundo entero. Es la evolución en escencia de la humanidad.

De ahí la importancia de que tú y yo asumamos la responsabilidad de lo que enviamos al campo colectivo, al comenzar por nuestra propia casa.

Ahora te invito a revisar: ¿Tú qué aportas al clima de conciencia colectiva?

El mundo: reflejo de nosotros

Hay un caballo negro que tiene una característica muy peculiar: en cuanto ve que una persona entra al potrero comienza a dar pequeños y constantes golpes en el piso con su pata derecha delantera, hasta que ese alguien se le acerca y lo acaricia. ¿Es una manía, es su manera de saludar, de pedir atención o de exigir algo? No lo sé. Lo que sí sé es que no he visto a otro animal hacerlo.

Sin embargo, lo curioso no es observar al caballo y su gracia, sino la interpretación que cada persona le da y el diálogo que entabla con el corcel al llegar a su lado.

"Me quieres, ¿verdad Chotis? Sí, sí, yo sé que me quieres y te emocionas cuando que me ves...", le dice Maru, una mujer que ama estar en la naturaleza y en especial ama el contacto con los animales.

En otra ocasión escuché a un amigo, lo llamaré Pedro, decirle: "Ah, qué Chotis, ¡siempre pidiendo más de comer! No es posible, tienes que vigilar más tu dieta, amigo"; pero por su propia pancita parecía decírselo a él.

De igual manera, otras personas como Rodrigo, quien tiene un puesto relevante en una empresa trasnacional y trabaja todo el día lo consoló: "¿Estás nervioso y estresado, Chotis, por qué siempre das pataditas? ¿Quieres salir a pasear, a correr al campo, verdad?"

Me parece fascinante y divertido constatar, a partir de este caso, que los humanos vemos en el mundo exterior lo que traemos dentro; cada individuo ve al caballo, a las personas o a lo que sea, a través de sus propios lentes de auto percepción. ¡Todos lo hacemos!

Lo hemos dicho: el mundo no es físico, es mental. Al igual que un cinematógrafo, el proyector es tu mente, la película son tus pensamientos y la pantalla es el mundo. A través de tu lente bañas el entorno con tus introyecciones y tu percepción. Te proyectas en todo lo que haces, en lo que ves, en las palabras que usas, en los juicios que haces...

Cuando peleas con el mundo exterior eres como un niño asustado que blande su espada hacia todos lados, sin darte cuenta de que lo que combates son tus propias batallas. En cambio, cuando el mundo te parece bueno y armónico es porque estás en paz, inmerso en la proyección de tus pensamientos bondadosos.

Así, tu pareja, hijo, hermana o cualquier cosa, se convierte en un cielo o infierno personal, de acuerdo a cómo tú decidas verlo. Es cuestión de cambiar el enfoque. En verdad funciona, ¡haz la prueba! El otro de inemdiato siente dicha energía. Si quieres ver su luz interior y amarlo por cómo es, mostrará su mejor versión. ¡Es todo un poder!

La percepción no es la realidad. No existe un adentro y un afuera. Todo lo que ves, imaginas o experimentas viene de adentro de ti y de mí. Detente unos segundos, antes de hacer un juicio, para preguntarte: "¿Esto es la realidad o mi percepción?" Cuando tengamos la humildad de comprenderlo y ponerlo en práctica cotidianamente seremos, sin duda, más felices.

Crea energías pegajosas

Hay energías que se adhieren a la piel, a la memoria, a los huesos, unas buenas y otras malas. Por supuesto, lo que todo ser vivo deseamos es dejar en nuestros seres queridos energías buenas adheridas no sólo a su piel, sino a su ser, a su mente y a su cuerpo. A continuación, te comparto algunas ideas de cómo lograrlo.

Disneylandia es el sueño de muchos niños. Si como adulto has tenido la oportunidad de llevar a tus hijos o sobrinos a ese mágico lugar, o bien, a un parque de diversiones, quizá recuerdes la experiencia como algo inolvidable y especial para la familia.

Lo curioso es que si se midiera minuto a minuto tu nivel de felicidad, mientras te encuentras en el parque de diversiones, y se comparara con el que te da estar en el sillón de tu casa, es muy probable que resultaras más contento en el sillón de tu casa, antes que formado en colas interminables bajo un calor infernal, engentado y comiendo *hot dogs* carísimos,

¿cierto? A esto se le conoce en psicología como la "paradoja de Disneylandia". Entonces, ¿por qué el recuerdo resulta "inolvidable"?

Nuestra vida se define por momentos, en especial por aquellos que generaron un tipo de energía que se adhiere a la memoria, como el día en que conoces a la persona con la que te vas a casar o el día en que la maestra te felicitó delante de todos tus compañeros al frente del salón, el día que inauguras tu negocio o bien, la pérdida de un ser querido que abrió tu conciencia como ninguna otra experiencia lo hizo.

Estos momentos pico en nuestra vida mejoran vínculos, en la empresa, en la familia, en un salón de clases, entre un grupo de amigas. Sin embargo, no tenemos que esperar a que la vida suceda. Todos podemos crear momentos inolvidables, positivos, a voluntad.

¿Cómo hacerlo?

Lo que hace que tu cerebro retenga y guarde alguna experiencia es si estuvo acompañada de alguna emoción. ¿Lo recuerdas? Es el pegamento que hace que cualquier experiencia se grave; sin una emoción, tu mente ignora la experiencia.

Solemos recordar únicamente las experiencias pico, momentos específicos que generan una emoción, como afirman los investigadores Chip Heath y Dan Heath en su libro *The Power of Moments*.

Imagina que dibujas una serie de ondas de energía verticales en un papel. Las experiencias memorables surgen de la serie de picos superiores por la emoción positiva que generan, como en el ejemplo de la visita a Disneylandia, cuando todos se subieron a Space Mountain, o a la Montaña Rusa, debido a la adrenalina que produce, o bien, el abrazo que Mickey les dio a tus hijos al final del día ¿cierto?

Estos momentos generan emociones. Emociones que, ligadas a sonidos, imágenes y sensaciones, se anclan a un estado de ánimo fuera de lo ordinario, volviéndose memorables, a pesar de que 70 por ciento del tiempo hubieras preferido estar en tu sillón.

Sin embargo, los picos inferiores —momentos de dolor, de trauma o cuando conocemos el desamor— los recordamos por generarnos experiencias negativas. Todo lo que se encuentra en medio, la mente lo manda al archivo del olvido.

Es así que, una boda, por ejemplo, se vuelve memorable cuando todo está lleno de detalles que embellecen la ocasión, cuando la ceremonia es emotiva o nos emociona el momento en que el papá entrega a la novia o baila con ella; porque mueven nuestras energías interiores ¿cierto? Es por eso que vale la pena invertir dedicación a las celebraciones familiares.

Los cuatro elementos que las crean

Cuando recuerdas una experiencia, no lo haces con la continuidad de una película, más bien tu mente convierte el momento en un tráiler de cine que sólo te deja ver las escenas pico del film que promocionan.

En estas ocasiones, de acuerdo con los hermanos Heath, las energías pegajosas se crean por uno de los siguientes cuatro elementos: elevación, revelación, orgullo o conexión. Veamos en qué consiste cada uno de ellos:

> **Elevación.** Es cuando sientes que una experiencia fuera de lo común te absorbe y todo se ve, sabe y se escucha mejor de lo normal. Puede deberse a la magia del momento, la decoración, los detalles, el cariño que te rodea o a la música. Así, tus sentidos se elevan de forma placentera, por ejemplo, ante un hermoso atardecer, en

una ceremonia, en una fiesta de cumpleaños, un partido de futbol, una puesta en escena o una presentación pública. Estás presente por completo.

Revelación. Es cuando, en un momento determinado, te cae un "veinte" que modifica la forma en que te miras o ves al mundo; como cuando dices: "Con esta persona me voy a casar" o "es momento de cerrar un ciclo" o "este trabajo no es para mí". De manera abrupta, instintiva, energética y visceral te das cuenta de algo que antes no veías y ahora lo sabes, desde ese instante, es cierto.

Orgullo. Se refiere a esos momentos en los que tu energía es de una enorme satisfacción, por ejemplo, cuando reconoces un talento en el otro o alguien reconoce uno de tus talentos, estás en la mejor situación posible, logras algo que no creías, te sientes contento o muestras tu valentía. ¿Te imaginas la gran herramienta que esto puede ser para abonar a la autoestima de tus seres queridos?

Conexión. Se da entre individuos o en grupo y la puedes procurar. Cuando con una mirada, una conversación o un instante te sientes unido con el otro de manera profunda. Y entre grupos sucede cuando una familia o amigos hacen un viaje juntos, un equipo trabaja de forma conjunta para sacar adelante un proyecto o plan complejo por el que lucha y se esfuerza, y para el cual todos sus integrantes unen voluntades, buen humor, talentos y energía.

Las energías pegajosas son las que nos nutren en todos los sentidos. Te invito a crearlas, fabricando momentos memorables con tu familia, tu pareja, tus amigos o tu trabajo. Vale la pena invertir en ellos porque es lo que atesoraremos y recordaremos por siempre.

Puntos a recordar:

1. Todo aquello a lo que le pones tu atención —positivo o negativo— crece. ¿A qué le concedes tu atención?

2. Ve lo bueno en ti, en tus amigos, en tus "enemigos" y en lo que sucede en tu vida y en el mundo.

3. La mayoría de las infidelidades no se dan por buscar sexo como tal, sino porque hay una necesidad de vincularse, de sentirse escuchado, importante para el otro.

4. Lo similar atrae lo similar. Si quieres paz, sé paz. Si quieres amor, sé amor. Si quieres servicio, sé servicio.

5. Concentra tu energía en una cosa a la vez.

6. Silencia tus pensamientos y ábrete a la experiencia de sentir tu verdadero ser.

7. Con el rayo de tu conciencia puedes visitar todas las partes de tu ser y conseguir un estado de atención plena.

8. Lo que das, de manera inesperada regresa a ti. Es una ley universal.

9. Cada intención mueve una energía. La intención con la que siembres la semilla, será tu cosecha.

10. Cuando estas en el camino correcto, todo fluye, no te duele nada y te sientes lleno de energía.

11. Confía en tu intuición y aprende a reconocer su lenguaje.

12. La mejor forma en la que puedes aumentar tu intuición, es a través del silencio.

13. Cuando alineas tu vida, tus decisiones y tus actos con lo que el corazón te dice, encuentras la forma más poderosa de crecer personalmente.

14. El mundo no es físico, es mental. El proyector es tu mente, la película tus pensamientos y la pantalla, el mundo.

15. Antes de emitir un juicio, pregúntate ¿esto es la realidad o mi percepción?

16. Tú ¿qué aportas al clima de conciencia, en tu casa, en tu trabajo o en la comunidad?

17. Crea energías pegajosas en las mentes de los integrantes de tu familia.

4

ENERGÍA en el *entorno*

EL SECRETO QUE REÚNE
A LAS PERSONAS ESTÁ EN EL AIRE

"Detrás de cada átomo de este mundo, yace un universo infinito."

RUMI

—

La tormenta de arena nos tomó por sorpresa. La velocidad de los vientos que cruzaban en todas direcciones hacía que la arena del desierto, mezclada con la lluvia, se sintiera como pequeños balazos sobre la piel. Además, la visibilidad era nula. Tuvimos que detener las bicicletas en las que nos transportábamos por el desierto de Black Rock City, Nevada, durante el festival Burning Man. No nos quedó de otra más que "disfrutar" la experiencia con estoicismo.

Vivir un episodio como el de Burning Man sin duda abre la mente, modifica el cerebro y la forma de percibir la vida.

Las condiciones no pueden ser peores. Las temperaturas en el desierto donde se lleva a cabo el festival son extremas: de día pueden alcanzar hasta los 50º C, ¡te mueres de calor!, por la noche hasta menos 5º C, un frío que penetra hasta los huesos. Te preguntarás ¿a qué van? Y con razón. Permíteme compartir la experiencia:

Una energía viva

A pesar de que físicamente tu cuerpo no la pasa nada bien, hay una energía, algo en la frecuencia del ambiente que es adictivo, sientes ganas reales de estar ahí, regresar y replicarlo en el exterior. ¿Qué logra dicha energía? toda persona que asiste se lo pregunta.

¿Qué tiene esa fiesta contracultural de autoexpresión y arte, que desde 1986 reúne cada año, en una ciudad efímera, creada desde cero, a 70 000 personas de todo el mundo, incluyendo a personalidades de Silicon Valley, directores de compañías como Google, Facebook, Spotify, Zappos o TED, quienes pasan totalmente desapercibidos, durante siete días en el mes de agosto?

Los investigadores Steven Kotler y Jaime Wheal estudiaron dicho fenómeno y, al igual que tú, se preguntaban: será ¿fiesta, sexo, alcohol o drogas? No. Todo lo anterior se puede conseguir en cualquier lugar, no es necesario acudir al desierto en las condiciones menos favorables para mal dormir en tiendas de campaña, comer lo que haya a deshoras o sentirse deshidratado con frecuencia.

A la conclusión que llegan la describen como STER en su libro *Stealing Fire*; término que abrevia la sensación que en inglés sería: *Selflessness, Timelessness, Effortlessness y Richness*, que podemos traducir como: altruismo, atemporalidad, espontaneidad e intensidad. Es una energía de comunidad y pertenencia que alimenta las necesidades básicas del alma.

A pesar de que a simple vista parece una estampa surrealista, en la que reina el caos absoluto, detrás hay una organización muy exigente y vigilante que se asegura de respetar el desierto y cuidar la vida de los participantes.

Lo increíble es que ahí no hay dinero —no sirve para nada—, no hay cargos, títulos, nombres —te inventas uno ni cuentas bancarias, a nadie le importa. Tampoco hay WiFi, logos, marcas o anuncios de ningún tipo. Llevar un cepillo de pelo es completamente inútil, dado que éste se enreda cada día más y se llena de una micro-arena imposible de quitar.

Lo único que prevalece es la magia, el ser, el sentido de comunidad y la generosidad.

Eso es lo que Pablo, mi esposo, y tu servidora experimentamos. Esa energía hermosa de aceptación, de cooperación, de no juicio, de dar lo mejor de nosotros para el bien de una comunidad, de aportar mis talentos o lo que sea, para que otros puedan sobrevivir y pasarla muy bien. Ese es el secreto. Ahí vales por el simple hecho de ser y por lo valioso que, como persona, ya eres. ¿Te imaginas crear un país, un mundo así?

Al sintonizarnos con esa energía que se extiende por todo Burning Man, sin tiempo y sin conexión alguna con el mundo exterior, le ponemos pausa a nuestras vidas aceleradas y nuestro cerebro entra en un estado de "flujo", así libera seis potentes neurotransmisores: norepinefrina, dopamina, endorfinas, serotonina, anandamida y oxitocina, todas hormonas de placer. De hecho, son los químicos más placenteros que el cerebro produce, crean vínculos íntimos y exaltan el sentido de cooperación y unicidad.

A pesar de haber regresado trasnochados, agotados y con todo, absolutamente todo, impregnado de un polvo-arena gris, lo que más disfrutamos mi esposo y yo fue la invitación de Pablo, nuestro hijo, a ser parte de su mundo durante tres días.

Una energía similar surgió en nuestro país, a pesar de la tragedia, durante el sismo de noviembre de 2017. Vivimos sentimientos encontrados. Pareciera que la Tierra al moverse nos hubiera agitado el alma a todos. Sin embargo, una energía amorosa, de cooperación, de no juicio flotó en el aire y nos conmovió, a pesar del dolor y la tragedia. Si la humanidad entera pusiera en práctica lo que generamos los mexicanos en esos días y lo hiciéramos una constante, el mundo sería diferente, sería mejor.

Amor y compasión... es lo que fluyó en las calles. Eso es lo que surgió del corazón de todos nosotros y nos arrastró sin miramientos a servir a la comunidad. Todos lo sentimos, lo vibramos, lo contagiamos. ¿Cómo y por qué sucede esto?

Partamos de que en el nivel inconsciente recibimos 400 mil millones de bits de información por segundo, de los cuales sólo somos conscientes de dos mil.

Es así que el cerebro y el corazón descifran dicha información en la energía, al igual que un televisor decodifica las señales audiovisuales. Por lo tanto, crea ese estado de "flujo" que nos hace sentir tan bien.

Un estado adictivo

Ese estado de "flujo", de acuerdo con el psicólogo Mihaly Csikszentmihalyi en su libro *Flow*, es "adictivo" y las personas haremos lo imposible con tal de alcanzarlo de nuevo.

Finalmente, te das cuenta de que, cuando todos dentro de un grupo vibran en frecuencias altas, la entidad entera se siente bien y saca lo mejor de nosotros. Reconoces que la cooperación de todas las partes crea una sinergia armónica, cuyo efecto es mayor al de cada individuo por separado. Eso es lo que nos enriquece; el convivir en una comunidad, llámese familia, compañía de trabajo, grupo de viejos amigos o compañeros de intereses en común. Y tú y yo, lo podemos generar y contagiar. ¿Cómo? gracias al secreto que guarda la ley del péndulo que a continuación te comparto.

El secreto que guarda el reloj de péndulo

Christiaan Huygens, gran físico holandés del siglo XVII, inventó el reloj de péndulo. Como se sentía muy orgulloso de sus diseños tenía en su casa una vasta colección de ellos, de distintos materiales y tamaños. Un día, mientras estaba acostado en su cama, algo llamó su atención: todos los péndulos oscilaban al mismo tiempo y de la misma manera, aunque no los había iniciado así.

Intrigado se levantó de la cama y modificó los movimientos de los péndulos para que tuvieran diferentes ritmos. Asombrosamente, pronto volvieron a sincronizarse. Se rascó la cabeza y repitió varias veces la operación, sólo para darse cuenta de que los péndulos inevitablemente adquirían sincronía.

Aunque Huygens no pudo resolver por completo el misterio en ese momento, más tarde otros científicos lo hicieron. El secreto es éste:

"El péndulo mayor, es decir, el que oscila con mayor intensidad, arrastra a los otros osciladores de menor potencia para sincronizarse. A esta ley física, hoy se le conoce como Ley de resonancia."

¿Te imaginas las implicaciones tan importantes que puede tener esto en tu salud física, emocional, mental y espiritual? Piensa, por ejemplo, en una casa, en una empresa o en un país, ¿quién es el oscilador más fuerte? Seguramente has comprobado que en una familia, cuando el papá o la mamá están de mal humor, la casa entera termina de mal humor, incluso el perro; o bien dentro de una empresa, el estilo del director permea a todo el personal.

Es por eso que, rodearte de personas y elementos de alta vibración en tu campo, puede elevar tu energía y hacerte la vida mucho más amable. Todo es cuestión de abrir la conciencia y elegir de manera adecuada.

Ahora sabemos que los objetos que oscilan en diferentes frecuencias, al colocarlos uno junto al otro, comienzan a vibrar al mismo ritmo ¿cierto? Pues la música también tiene la habilidad de "embarcar" los ritmos del cuerpo y de la mente. Las investigaciones han descubierto que las personas nos "embarcamos" con las vibraciones y los ritmos musicales que escuchamos. Esto explica su gran poder.

Otro ejemplo histórico de dicha ley fue el puente colgante sobre el río Maine, en Angers, Francia, que se hundió en 1850, mientras un regimiento lo cruzaba con paso de marcha. ¿La razón? La frecuencia vibratoria de los pasos de los soldados entró en resonancia con la frecuencia propia de las oscilaciones del tablero del puente, lo que potenció el movimiento ondulatorio hasta el punto de ocasionar su destrucción y causar la muerte de 260 soldados. Esa tragedia dio una lección al mundo de lo que el poder de la energía y la vibración pueden lograr.

También nos sucede en lo biológico

Lo interesante es que este fenómeno se da tanto en lo físico como en lo biológico. El corazón es un potente oscilador biológico que genera una onda de información, como cuando tiras una piedra al agua, e interactúa con la onda de otros. La persona que tenga la energía más fuerte arrastrará a los demás, para contagiarles su buena o su mala "vibra".

Energéticamente todos nos sincronizamos como relojes de péndulo. Esa sensación la traducimos como "¡qué a gusto estuvimos!", o bien, sucede y sentimos todo lo contrario.

Por otro lado, hay ambientes de trabajo que se perciben como malos, incómodos o desagradables y no sabemos apuntar la razón exacta. Pero puede ser tan sencilla como que el descontento de uno se haya contagiado a los demás; y esto sucede en dos niveles. En el primero, verbalmente se esparce el descontento, lo que contamina el entorno y, en el segundo, como la persona recrea mentalmente una y otra vez su descontento, lo transmite energética e inconscientemente. Es decir, su resonancia arrastra la resonancia de otros. Y tiene el poder de amplificarse conforme la onda oscilatoria gana terreno.

Lo dicho: el primer punto de contacto con el otro no es la piel sino la energía. Antes de saludarlo con la mano o la palabra, ya sintió lo que tu corazón pulsa. Saberlo te hace responsable de incrementar la armonía en tu estado de ánimo, por ende en tu familia, en tu trabajo y, por si fuera poco, en tu salud.

Todo lo registras

Una vez que hemos visto el efecto que tiene la energía en el sentir de un grupo, veamos otros elementos que también impactan, como la energía del espacio, del tiempo, de los colores, la música, el acomodo de los muebles y demás detalles que nos afectan de manera profunda en nuestras relaciones y nuestro diario acontecer.

Te comparto una experiencia que nunca olvidaré:

Esa noche, una pareja de amigos, mi esposo y yo llegamos a la boda y nos dirigimos hacia las recepcionistas que asignan la mesa. "¡Sus nombres por favor!", nos pidió una de ellas mientras revisaba la lista. "Los señores González", respondimos, y ella señaló la mesa cuatro. "Nosotros somos los Rubio", dijo mi amiga. "Mmm, donde quieran." "¿Cómo, señorita?", preguntó desconcertada. "Sí, sólo se asignaron mesas para invitados especiales", respondió sin considerar el peso de sus palabras.

¿Te imaginas lo que sentimos y el ánimo con el que mis amigos y nosotros estuvimos en la boda? La energía de todos cambió por completo. Este es uno de los temas que estudia la energía del espacio, conocida como "proxemia".

Proxemia ¿Qué es?

"Proxemia" es un término acuñado por el antropólogo Edward T. Hall, que señala al tiempo y el espacio como herramientas poderosas de comunicación no verbal. ¿Cómo los manejamos? ¿Cómo es la cercanía entre las personas? Los detalles cotidianos, sin advertirlo, tienen una enorme influencia en la forma en que nos sentimos, relacionamos, percibimos a los demás y somos percibidos.

El principio rector de la proxemia es la energía que todo y todos generamos en torno a nosotros. Cualquier pormenor, ¡ojo, cualquiera!, origina información que se percibe a nivel consciente e inconsciente. El universo energético, en el que se incluyen los planetas y las constelaciones, también abarca lo que nos rodea, como los cuadros, la iluminación, la limpieza del lugar, los colores, los materiales, el acomodo de los muebles, los sonidos y demás detalles.

¿Para qué sirve?

Como ya vimos, considera que el primer punto de contacto no es la piel sino la energía que surge entre las personas. Es así que uno de los muchos aspectos útiles a dicho concepto es el lenguaje que se da en el espacio que media con el otro. Se consideran cuatro las distancias:

- La distancia *íntima*: se refiere a aquella que mantienes con tus hijos, pareja o padres. Es de alrededor de 45 cm o menos.
- La distancia *personal*: se da entre dos amigos cercanos. Es de 45 cm a 1.25 m.
- La distancia *social*: se conserva en una relación laboral y entre jefes y subordinados. Es de 1.25 a 3.5 m.
- La distancia *pública*: en sitios con desconocidos, óptimamente es de 3. 5 a 7 m.

Cuando el tema a tratar es delicado

Hay ocasiones en que el tema a tratar con alguien que te importa es delicado. Para que la conversación fluya y sea efectiva, para invitar a que el otro se abra y baje la guardia, sé consciente de los siguientes detalles de proxemia:

1. Procura que la mirada y el corazón de ambos estén a la misma altura. Si se trata de un niño, súbelo a una mesa o agáchate a su altura.
2. Mientras conversas, desde la energía de tu corazón vas a mandarle tres regalos:

    a) Presencia b) coherencia y c) aprecio. Ten por seguro que el otro siente todo lo anterior. Cuando estás presente, con el corazón abierto, brillas y te vuelves magnético.
3. Cuando intentes conversar con un adolescente, por naturaleza suelen cerrarse, la cercanía física y la posición afectará la energía, su disposición a hacerlo y lo fluído de la plática. Una buena forma de lograr la comunicación —para que sienta libertad— es procurar que los dos vean hacia el frente, por ejemplo, al ir sentados en el auto como conductor y pasajero, o bien, al caminar juntos mientras platican. Recuerda, todo afecta, todo comunica, todo habla.

Las paredes y las cosas hablan

Por otro lado, hay lugares como casas, oficinas, paraderos que con sólo llegar hacen sentir una gran paz y tranquilidad. En cambio, otros nos incomodan; algo en el ambiente, en la decoración o falta de ella, a veces indescifrable, nos perturba al grado de huir de ahí ¿cierto?

De manera extraña adviertes la personalidad de quienes la habitan, así como su educación, sensibilidad, cultura, edad, gustos y el ambiente de hospitalidad u hostilidad, resultado del tipo de la relación que la familia tiene entre sí. Incluso, si la casa o departamento está vacío, puedes percibir información sobre los dueños que la acababan de desocupar, como si la vibra permaneciera atrapada en el aire.

Comúnmente calificamos este fenómeno de buena o mala vibra. De hecho, eso es lo que los antiguos chinos estudiaban con la filosofía del *feng shui* al construir en un sitio específico y fijarse en la orientación de sus templos, palacios o al determinar un sitio sagrado.

Como estrategia psicológica

Adolf Hitler usaba la proxemia para que quien fuera a visitarlo se sintiera hormiga, era una estrategia psicológica que le funcionaba. Se dice que para verlo había que hacer largas horas de antesala, subir una enorme escalera, pasar por varios salones y otra escalera más hasta llegar a un salón enorme con un gran escritorio al fondo. Su silla, además de ser un trono imponente, estaba colocada en un nivel más alto que la del interlocutor, enmarcada por una enorme ventana de luz que le otorgaba una magnificencia estudiada. Mientras tanto, la silla del visitante era, intencionalmente, más pequeña. Todo este montaje hacía que su presencia se sintiera como una aparición del más allá.

En un plano más cercano también sucede, por ejemplo, ¿te ha pasado que en la mesa de un restaurante te toca sentarte en una silla más chaparra que la de los demás y no te comunicas con la misma efectividad?

Ahora bien, si visitas a alguien en una oficina, observa: ¿Cuánto tarda en recibirte, en dónde lo hace, dónde te sienta, tiene un enorme escritorio de por medio —que, honestamente, ya es arcaico—? Quizá busca defenderse, darse importancia, sentir seguridad o quiere marcar una diferencia de rango, a lo cual hay que saber responder con inteligencia. ¿En su oficina tiene muchos diplomas, reconocimientos, trofeos, o bien, muchas fotos propias con personajes importantes o familiares? Todos esos elementos hablan.

En cambio, si a quien visitamos nos recibe en una mesa redonda es casi seguro que se trata de una persona sencilla, conciliadora y que nos ve de igual a igual. Si te invita a sentarte en un sillón sin una mesa o barrera de por medio es muy probable que se trate de una persona práctica, sensible, segura, que va al grano, abierta y sin complicaciones.

¿Te acompaña a la puerta, al elevador o a tu coche? Éstas son señales sutiles de cómo te ve, del grado de educación que tiene, el compromiso o afecto y de la importancia que te da. Entre mayor es tu rango, más sencillez y empatía muestras.

La proxemia también es un factor a considerar cuando la cita para negociar algo es en nuestro territorio, pues la energía y el poder se triplican simplemente por estar en nuestro espacio. En el ámbito familiar, si queremos tener una plática con un hijo, ésta tomará un giro diferente si se hace en su habitación, en la propia o en una zona neutral.

Posiciónate mentalmente

Lo que te narro a continuación puede no gustarte, sin embargo es real y sucede. Así que más vale ser conscientes de ello.

Cada vez que conversas con alguien, en el primer minuto, quieras o no, tú determinas cómo mostrarte, a través de tu energía, tu presencia, tus palabras, tu seguridad personal y tu nivel, en especial cuando vendes algo. El otro, de la misma manera lo percibirá en segundos, aunque no lo verbalice, y en su mente te dará una posición, un nivel o un status. Es decir, te verá como más que él, menos que él o como igual. Y desde esa posición mental te tratará y se relacionará contigo.

Cuando te ven en un nivel menor, la persona mostrará respeto, puede ayudarte, pero no te comprará un servicio de asesoría, por ejemplo.

Por otro lado, si te ven como igual o más arriba, te van a respetar, puedes influir en ellos y crear una energía de apertura a cualquier tema o servicio que vendas. ¿En dónde se origina todo esto? En tu mente y en la energía que emanas. Este es otro tema que la proxemia estudia.

¿Cómo te ves? Es importante que te detengas a hacer una lista de momentos por los cuales te sientes orgulloso de ti, de los logros que has tenido, no importa si son chiquitos. Todo se percibe de manera energética.

No estamos hablando de que adoptes una posición arrogante, tampoco deseas que tu interlocutor se sienta mal o fracasado. Es simplemente que a través de tu energía te muestres auténtico, vulnerable y orgulloso de ti. Date el lugar de lo que eres: una persona valiosa. Sólo cuando tú lo reconoces, los otros lo pueden ver.

Ahora, veamos un poco acerca de cómo los colores nos impactan.

¿Qué dicen los colores?

Basta abrir los ojos para inundarnos de colores. ¿Te has percatado de cuánto influyen en nuestra vida? Tienen un lenguaje que se expresa en el inconsciente; definen nuestros espacios, influyen en cómo nos perciben los demás, incluso nos dicen mucho acerca de los alimentos que consumimos. Los colores pueden estimular o inhibir la conversación, invitarnos a permanecer en un sitio o a irnos rápido.

Los colores son vibraciones electromagnéticas, pulsaciones de energía que mandan mensajes, tanto cuando los llevamos puestos, como cuando se encuentran en el entorno. Cada color tiene una longitud de onda determinada y dichas ondas vibran de manera distinta en el espectro que nuestros ojos perciben. El cerebro y el corazón decodifican dicha información, la cual produce determinadas sensaciones físicas y anímicas. Nos provocan todos los estados de ánimo, desde alegría y tristeza, hasta estrés y relajamiento.

Los mercadólogos, artistas y decoradores saben bien que los colores influyen de manera dramática en el estado de ánimo, los sentimientos, las emociones y los deseos de compra. ¿Sabías, por ejemplo, que los estudios de mercado han demostrado que 87.4 por ciento de los compradores habituales eligen un producto con base en su color? Como no es lo mismo ver a una persona vestida de negro que de blanco; o bien, entrar a un cuarto con paredes rojas que pintadas de blanco, ¿cierto?

Si bien hay colores cuya percepción, efecto y significado son universales, otros son más subjetivos. Sin embargo existen disparadores generales que actúan en el nivel psicológico.

Saber un poco acerca de lo que cada color pulsa nos sirve para comprender más su influencia.

A continuación escribo algunos de sus efectos:

- Tabla de significados
- Influencia física (IF)
- Impacto psicológico positivo (IP +)
- Impacto psicológico negativo (IP-)

Azul. Es símbolo del agua en reposo. Incluye todos los tonos de azul, menos los tonos acua. (IF): su efecto es relajante, disminuye la presión sanguínea, el ritmo cardiaco y el respiratorio. (IP +): la energía de los tonos más oscuros es de autoridad, orden, confiabilidad y logro. Los tonos medios son más apropiados para inspirar confianza, equilibrio, ternura y sensibilidad. (IP-): denota un carácter predecible y conservador.

Rojo. Expresión de fuerza vital. (IF): el pulso se acelera, aumenta la presión sanguínea y el ritmo respiratorio. (IP +): incentiva, produce deseo, refuerza la voluntad de vencer y la vitalidad. Es imposible no voltear a ver a una persona que viste de rojo. Eleva la energía de quien lo usa. En pequeños acentos proyecta autoridad sin amenaza. (IP-): denota agresividad, necesidad de dominio y una postura autoritaria. Evita el rojo cuando no estés preparado para llamar la atención o cuando vayas a una entrevista de trabajo, pues te verás cómo una persona que no sabe trabajar en equipo.

Café. Es un color diluido. Su energía desalienta el impulso creador y la vitalidad. Muestra receptividad pasiva. (IF): se relaciona con malestares físicos en el organismo. (IP +): es ecológico, acogedor, sensible. Es el color menos amenazante. Úsalo cuando quieras que los demás se abran contigo. Resulta muy apropiado para el campo. (IP-): es aburrido, poco sofisticado y demasiado seguro. Ninguna persona que se considere importante usa café en sus trajes. Evítalo cuando te entrevistes con un amigo lleno de problemas, te los contará todos; o bien, cuando des una presentación, pues no favorece la atención.

Verde. Representa la naturaleza. (IF): su energía tranquiliza y relaja los nervios. (IP +): denota perseverancia, tenacidad y firmeza. Quien lo lleva en su vestimenta transmite consistencia de criterio, rasgos de dominio

y alta autoestima. Según los expertos, la gente que prefiere el verde es equilibrada, analítica, crítica y muy
lógica. (IP-): la persona que lo usa proyecta resistencia
al cambio o una personalidad aburrida, predecible y
necia. No es recomendable portarlo para recaudar fon-
dos, solicitar un préstamo bancario ni para persuadir a
socios inversores.

Blanco. Simboliza una página nueva, los rayos del Sol.
(IF): su energía transmite salud, paz y vitalidad. (IP +):
quien lo porta denota pureza, limpieza, frescura y capacidad visionaria. Refleja higiene, salud y seguridad en
uno, cuando viste de blanco. Si se combina con un color opuesto, como el negro o el azul marino, se proyecta
autoridad y elegancia. Una persona de blanco llama la
atención. (IP-): es frío, muy aséptico y clínico. Evítalo si
tus actividades no te permiten estar impecable.

Gris. Tierra de nadie. (IP +): su energía es neutral, res-
petable y balanceada. En los negocios es el color más
seguro, resulta menos autoritario que el negro o el azul
marino. Quien lo usa da la impresión de ser una persona
profesional y ecuánime. Sin embargo, es poco recorda-
ble y no deja una impresión duradera. (IP-): transmite
ausencia de compromiso, anonimato e incertidumbre
o duda.

Amarillo. Es símbolo de luz y alegría. (IF): aumenta la
presión sanguínea, la velocidad del pulso y la respiración, tal como lo hace el rojo pero de forma menos es-
table. (IP+): su energía transmite claridad; se relaciona
con lo nuevo y moderno. La persona que lo usa manda
el mensaje de tener un carácter activo, desinhibido,
alegre y optimista. Este color es la mejor opción para

levantar el ánimo, particularmente en un día nublado. Resulta ideal para las personas que trabajan con niños, ya que a ellos les encanta este color. Es más sugerente que estimulante y resulta fácil de distinguir cuando se encuentra entre muchos otros. (IP-): transmite impulsividad, volatilidad y poca constancia.

Negro. Es la negación del color. (IF): transmite un ánimo depresivo. (IP+): su energía es formal, sofisticada, misteriosa y fuerte. (IP-): impone distancia, es señal de negatividad y de luto. Este color provoca una barrera de comunicación con las personas, especialmente con los niños y la gente mayor. Quien para vestir elige el negro de manera cotidiana manifiesta una actitud extrema de renuncia generalizada, una protesta inflexible contra el estado de cosas, pues siente que nada es como debería.

Violeta. Es símbolo de encantamiento, de un estado mágico en el cual los deseos se cumplen. Sus diversas tonalidades incluyen el morado, el ciruela y el lila. (IF): invita a soñar. Es el favorito entre los preadolescentes que tienen entre 11 y 13 años. (IP +): revela a alguien imaginativo, sensible, intuitivo y original. Quien prefiere el violeta desea ser hechizado, al mismo tiempo que embelesar y fascinar a los demás. Resulta excelente para las situaciones que requieren diplomacia o para sugerir una nueva opción a un viejo problema. (IP-): en un hombre puede crear desconfianza. Una mujer debe evitarlo cuando la situación amerita discreción o al acudir a una entrevista de trabajo, ya que puede reflejar individualismo o inconformidad. No uses violeta si vendes seguros o inversiones bancarias, difícilmente proyectarás seguridad.

Como ves, los colores son una herramienta poderosa de comunicación; revelan la variedad, la belleza y el contraste del mundo. Gracias al centro de la retina, llamada fóvea, apreciamos su variedad de gamas, lo cual me parece un milagro cotidiano que pocas veces valoramos.

El profundo poder de la música

Si alguna vez has amado de verdad, entonces sabes lo que es sentir, aunque sea por un instante, cómo tu alma se asoma a la eternidad, sonríe a sus anchas, se ilumina, se eleva y se funde con algo más grande. Es el misterio de sentir la energía de un gozo pleno que toma todos sus sentidos y, al mismo tiempo, te conecta con tu propia esencia.

Beethoven decía que la música es la tierra electrizada en la cual el espíritu vive, piensa e inventa. Es impresionante el gran efecto que tiene la música sobre nosotros, los seres humanos.

Hay veces que la expresión más amorosa y elocuente es el silencio, pero le sigue la música. La música abre puertas interiores, se apodera de tu alma, tiene el prodigio de llevarte de la mano hacia la luz, hacia el amor infinito. Ayuda a la creatividad, a la expresión personal, facilita el aprendizaje e incide directamente en nuestra vida personal.

La intención de transportarnos a otros estados de conciencia por medio de la música ha existido desde siempre.

La Universidad de París descubrió que la colección más grande de pinturas neolíticas se encuentra a un kilómetro de profundidad. ¿La razón? La acústica. Quienes las pintaron utilizaban la reverberación de las cuevas para expandir mágicamente el sonido de sus voces y cantos. Lo mismo podríamos decir de las iglesias o catedrales que desde los griegos, pasando por la Edad Media, fueron construidas para funcionar como *subwoofers* gigantes (especie de altavoces para reproducir frecuencias graves muy bajas) para los tubos de los órganos. ¿La intención? Elevar el estado de conciencia del público.

Una de las cosas que más afecta nuestro estado energético natural es la música, así lo demuestran los estudiosos de la neuromusicología, una nueva ciencia que analiza cómo la música actúa en nuestra mente. Por ejemplo, ¿alguna vez has sentido que tu pecho vibra con los tonos del bajo, se te ha erizado la piel con las notas altas o te has entregado al baile y al movimiento sin que te preocupe el qué dirán?

"En todas las sociedades —explica el neurólogo Oliver Sacks en la revista *Brain*—, una de las funciones primarias de la música es colectiva y comunal para reunir y unir a las personas. Uno de los efectos más dramáticos de la música es que induce a estados alterados de trance... Trances, cantos y bailes extáticos, movimientos salvajes y llantos, quizá un balanceo rítmico, rigidez catatónica o inmovilidad.... es un estado alterado profundo que por lo general se facilita en grupos comunales."

A ese instante de absorción total mediante el sonido, Tony Andrews lo bautizó como "momento audio".

"Ése es el punto —explica Andrews para el libro *Stealing Fire*—, cuando te envuelves por completo en la música, cuando de repente te das cuenta de que el sonido te ha transportado a otro lugar... cuando encuentras que estás experimentando más de ti como no lo habías pensado."

La neuromusicología ha detectado que con la música las ondas del cerebro descienden de beta alta, del estado normal despierto, a rangos de alfa y theta, correspondientes con estados meditativos e inductivos de trance. Otro punto interesante es que el nivel de las hormonas del estrés decae, mientras que los químicos del bienestar, dopamina, endorfinas, serotonina y oxitocina repuntan. ¡Es increíble!

El poder de la música es tal, que cuando estamos en un concierto masivo nuestras ondas cerebrales se extienden y empatan tanto con las vibraciones de los otros, como con el ritmo de la música. Lo cual conecta a todos energéticamente de manera muy poderosa.

A continuación, te comparto un experimento muy interesante que hicieron en conjunto la compañía Apple y el fabricante de bocinas Sonos, sobre cómo la música impacta nuestro comportamiento:

En una casa, las personas escuchamos música por lo general, diariamente, alrededor de cuatro horas y media. Para monitorear qué hace la gente mientras escucha música equiparon 30 casas con bocinas Sonos, relojes Apple, cámaras Nest y iBeacons, una tecnología inalámbrica que se basa en conectar todo vía bluetooth. Ve qué interesante:

Cuando la música sonaba, la distancia entre los habitantes del hogar disminuía 12 por ciento; las oportunidades de cocinar juntos aumentaban 33 por ciento; de reír juntos, 15 por ciento; de invitar a otros a asistir, 85 por ciento; de decir "te quiero", 18 por ciento; y, lo más revelador, de tener sexo, 37 por ciento.

¿Has notado cuánto impacta la música el ambiente en tu entorno? Cultivemos más esos "momentos audio".

LA ENERGÍA EN LA NATURALEZA

*"Mira profundamente en la naturaleza
y entonces comprenderás todo mejor."*

ALBERT EINSTEIN

—

Si buscas sanar tu cuerpo, tu espíritu y tu mente, la naturaleza tiene la respuesta

Es uno de esos días de cielo luminoso y aire transparente. Los rayos del sol sobre mi cuerpo son una joya que agradezco mientras contemplo su reflejo tintinear en pequeños dorados sobre la superficie del agua. Al mismo tiempo, escucho una brisa que susurra a través de los árboles, me acaricia y provoca pequeñas ondas que viajan al otro lado del lago.

Estoy sentada en mi lugar favorito en el campo del Estado de México, después de dar una vuelta en bicicleta, acompañada de mis dos perros que, al igual que tu servidora, aman salir al campo los fines de semana. La naturaleza para mí se ha convertido en un lugar en donde me encuentro, me recupero, reflexiono, admiro la belleza, el caos y la perfección que la compone. No hay mejor medicina para el cuerpo, el espíritu y la mente, que salir y tener contacto con ella.

¿Hace cuánto tiempo que no sales a caminar en un bosque? ¿Sabías que la mayoría de las personas que vive en una ciudad cosmopolita permanece en un lugar cerrado entre 80 y 95 por ciento del tiempo? Dentro de la casa, la oficina, el coche, el cine, el súper o el centro comercial, lo cual, para decirlo pronto, es contra natura. Esto desencadena el padecimiento que se conoce como "Síndrome de déficit de naturaleza", un término que se utiliza para describir un estilo de vida que refleja una salud física y psicológica precaria.

Las investigaciones acerca del estrés han encontrado que quienes viven en ciudades, rodeados de concreto, tienen mayor probabilidad de padecer sus síntomas: mal humor y ansiedad en general; que quienes viven en áreas rurales.

El encierro físico casi siempre se acompaña de un encierro mental que limita nuestra visión de la vida. Además, no hay prisión más grande que nuestros propios pensamientos y, sin percatarnos de eso, vivimos dentro de ellos la mayor parte del tiempo. Cuando esto sucede, nuestra efectividad en lo que hacemos disminuye por completo.

En este mundo acelerado que nos hipnotiza con sus pequeñas pantallas, vamos tan de prisa que ya no notamos cosas tan sencillas, como todo lo que la naturaleza nos regala. Nos falta paciencia para valorar y aprovechar un tiempo de reposo, que es precisamente el que da paso a la creatividad y permite el proceso para recuperar la estabilidad de nuestras emociones. Es ahí en donde el temple se fortalece y los valores se ponen a prueba.

El descanso no se da en el cuerpo, se da en la mente y ésta necesita airearse. Mucha gente quizá no sabe que el remedio a su mal humor o cansancio constante es más fácil de lo que piensa.

¿Hace cuánto tiempo que no pasas la mayor parte de tu día al aire libre?

Los poderes sanadores de la naturaleza son más efectivos que la mejor medicina del mundo. Experimentarla con todos los sentidos, escucharla, palparla, sin darnos cuenta, nos mete a su ritmo, que es mucho más lento y acompasado que el nuestro.

Estoy segura de que tú lo has comprobado. No hay antidepresivo más eficaz que nadar en el mar, escuchar el crujido de las hojas secas al caminar en un bosque, inhalar el aire puro, escalar una montaña, sentir el sol en la espalda, escuchar el trinar de los pájaros o conversar con amigos al anochecer en torno a una fogata. ¿Sabías, por ejemplo, que los árboles usan sustancias químicas llamadas fitoncidios?, son compuestos orgánicos volátiles antimicrobianos que se derivan de las plantas y se utilizan mucho en la medicina oriental para sanar. Pues a través de estas sustancias los árboles se comunican para protegerse de los insectos dañinos. A este proceso se le conoce como el "efecto biofilia".

Cuando vas al bosque y en verdad te concentras en tu alrededor, tu sistema inmunológico se comunica con los árboles, ya que en tu nariz tienes la más alta concentración de receptores de terpenos (moléculas aromáticas y volátiles). Los aceites esenciales de las plantas contienen terpenos e inundan el aire con ellos; de esta manera surge dicha comunicación. Es así que un paseo en el bosque resulta una gran terapia.

¿Te das cuenta de lo poco que tenemos incorporadas estas actividades a la vida diaria? Estoy de acuerdo que, en ocasiones, el trabajo o el bolsillo, no lo permite. Pero ¿Cómo comparar caminar en un centro comercial con hacerlo en la naturaleza? Visita con tu familia algún parque, en las ciudades siempre hay parques hermosos que nos dan los mismos beneficios y promueven la convivencia, además son más económicos.

Es por eso que se desarrolló la *ecoterapia,* que encuentra la manera de alejarnos de la rutina y llevarnos a conectar con el ser, con lo que en realidad somos.

¿Qué es la ecoterapia?

Ecoterapia es el nombre que se le da a una gran variedad de programas y tratamientos dirigidos a mejorar la salud mental, emocional y física mediante actividades en el exterior, que pueden ir desde el senderismo, la jardinería, realizar excursiones de aventura, relacionarse con animales y cuidarlos, trabajar en una granja, conservar el medio ambiente o hacer artesanías con materiales naturales.

Los beneficios

Hoy muchos médicos prescriben este tipo de terapias que nos llenan de energía, reducen la depresión, el enojo, las hormonas del estrés y la ansiedad, mejoran la autoestima, disminuyen la presión sanguínea, reducen la glucosa en la sangre y mejoran la resiliencia emocional, entre muchos otros beneficios intangibles.

En cualquier caso, se trata de tener una experiencia directa con la energía de la Tierra. No importa la clase de adversidad que hayamos pasado, este tipo de energía es lo que el alma necesita para sanar.

Todo esto, además de los beneficios mencionados, nos da un espacio terapéutico en donde no tenemos que hablar de nuestros problemas ni pensar en ellos; y, en cambio, proporciona un ambiente para aprender nuevas habilidades, desarrollar nuevos intereses y hacer nuevos amigos.

Los fines de semana o los días de descanso son una buena oportunidad para liberar la mente. Deja tu computadora, tu celular y alimenta tu cuerpo, mente, alma y sal a caminar. ¡Cuánta falta nos hace retomar lo natural en el ser humano, el contacto con los elementos primarios que nos dan la vida: el aire, el agua, la tierra y el fuego!

¡A quitarse los zapatos!

Toño aventó los zapatos en cuanto llegó a la playa y se echó a correr. Desde lejos se veía el gozo que inundaba todo su cuerpo como resultado de estar descalzo.

Estar descalzos es un impulso que todos, hasta los niños, tenemos por instinto, por ejemplo al llegar a un jardín, al campo o la playa. No sólo se debe al placer que da la textura, la humedad y la temperatura de la tierra, la arena o el pasto, sino a que instintivamente sentimos lo terapéutico que es en términos de salud y bienestar.

Los investigadores revelan que ese simple acto que los niños hacen de manera natural y disfrutan por instinto, tiene grandes beneficios para la salud. Le han dado el término de *grounding* en inglés, que podemos traducir como: *conectar con* o *arraigarnos a la tierra*.

¿Qué es *grounding*?

Es uno de los movimientos que más rápido ha crecido en el mundo entero, se denomina también *earthing*, y se basa en comprender a la Tierra como una energía viva natural, con frecuencias que pulsan de manera sutil y ayudan a normalizar nuestros ritmos biológicos básicos y nuestra carga eléctrica. Reducen el estrés, mejoran la calidad de sueño, aumentan la energía, mejoran el flujo sanguíneo y disminuyen la inflamación.

"La superficie de la tierra es una batería. Y el cuerpo humano es un órgano eléctrico generador de electricidad. Es por esto que es tan importante hacer *grounding* para aprovechar la carga eléctrica de la tierra y su influencia positiva en nuestra salud", comenta el doctor Gaetan Chevalier, ingeniero físico, en una entrevista que le realizó el doctor Joseph Mercola, especialista en medicina familiar.

¿Qué nos aísla de la energía de la tierra?

Desde los años sesenta, cuando se inventó el plástico, comenzamos a fabricar los tan cómodos zapatos tenis y a cambiar las suelas hechas de fibra natural por las de hule. Esto nos aisló por completo del contacto con la energía sutil de la tierra. Los estudios muestran que, desde entonces, surgió un tipo de estrés bio-eléctrico, que puede ser la causa por la que la inflamación en el ser humano ha aumentado ¡mil por ciento!

Iones positivos y negativos

Afortunadamente, la superficie de la tierra, cargada de electrones negativos, neutraliza estos efectos y nos regresa al balance interior natural. Ésta, entre muchas otras, es una de las razones por las que nos sentimos tan bien con el solo hecho de estar en la naturaleza: ¡hay iones negativos en abundancia!

Considera que vivimos inmersos en un mar de ondas electromagnéticas irradiadas por los celulares, los equipos eléctricos, las televisiones, el Wi-Fi, las computadoras y sus derivados que generan iones positivos. A ese fenómeno se le llama "electro-smog" y, al igual que el smog que conocemos, nos hace daño.

No te dejes llevar por los adjetivos que califican a los iones de "positivos" o "negativos", porque en términos de su incidencia en la salud no corresponden con eso.

Así como el sol nos da calor y nos ayuda a la síntesis de la vitamina D, la tierra, al pisarla descalzos, nos inunda de iones negativos (átomos de oxígeno, cargados con un electrón extra que se crea en la naturaleza como consecuencia del agua al caer, las corrientes de aire, la luz solar y la radiación inherente del planeta).

Estos iones negativos fortalecen tu sistema inmunológico, te llenan de energía, de buen humor, aclaran la mente y, quizá, hasta tu vida. Nuestros ancestros de todas las culturas lo intuían al caminar descalzos sobre rocas, piedras, palos o espinas. Sus pies eran fuertes y ágiles.

De hecho, los iones negativos pueden ser los antioxidantes más poderosos del planeta. Imagina a la Madre Tierra como una gran batería que te llena de salud y bienestar de manera rápida cuando la pisas sin zapatos. ¿No es increíble?

Curiosamente, los iones positivos tienen un efecto negativo en el cuerpo cuando estás sobreexpuesto a ellos. Sus consecuencias son el cansancio, la tensión, la ansiedad o la irritabilidad. ¿En dónde se forman? En sitios con altos niveles de contaminación, en lugares encerrados con aire acondicionado, en donde hay abundancia de luces fluorescentes y fibras sintéticas que causan estática.

¿Casualidad?

Por otro lado, otra de las pioneras en el tema es la doctora Laura Koniver, quien un día, por accidente, se dio cuenta de que su bebita que lloraba con mucha frecuencia debido a los cólicos, se tranquilizaba cada vez que salía descalza con ella en brazos al jardín de su casa. Esto no sucedía cuando, por ejemplo, la ponía en la carriola o en el auto, pues entonces la niña seguía llorando.

Poco a poco la doctora Koniver, que no sabía nada sobre el *grounding*, se dio cuenta de que no se trataba de una coincidencia, pues aun cuando la niña se quedaba dormida profundamente en sus brazos, empezaba a llorar de nuevo al entrar a su casa.

Un día, una mentora colega le habló sobre "conectar con la tierra", así que llegó a su casa y se puso a investigar. Se dio cuenta de que había toneladas de estudios que respaldaban la reacción natural de su bebé. Ahora ella se ha convertido en una de sus grandes promotoras y voceras.

Podemos concluir que a la lista de los pilares que, ya sabemos, fortalecen nuestra energía, hay que agregar un nuevo elemento: caminar descalzos sobre la tierra para hacer *grounding*. Está fácil, ¿no?

El agua sana

Mi padre, cuando salíamos de vacaciones, solía echarse de clavado en la alberca y permanecer sumergido hasta que el aire se le acababa. Después giraba sobre su espalda y se quedaba flotando un buen rato, mientras disfrutaba la calma del momento. Es un placer que ahora imito y encuentro fascinante cuando nado, una vez a la semana, o al disfrutar las vacaciones.

En la profundidad del agua hay un mundo muy especial en el que logras desconectarte de la realidad, no hay ruidos del exterior y sólo se escucha la respiración propia. Los tonos azules del agua propician una especie de meditación caracterizada por la calma, la paz y el sentido de unidad y felicidad por la vida. Todo eso se experimenta en un instante de forma inigualable.

Sí, hay pocas cosas tan sanadoras para el alma, el cuerpo y la mente como el agua.

Ahora imagínate parado en una playa frente al vasto océano, sin nada que obstaculice tu vista. Sientes la brisa en el cuerpo, el pelo y la cara, mientras tus ojos se pierden en las tonalidades azuladas. O bien, visualiza un lago, un río, incluso una alberca o una tina deliciosa. Escucha el gorgoteo del agua de una cascada o una fuente, mientras disfrutas de la naturaleza o de la plática con algún ser querido. ¿Existe algo más sanador?

El agua es bendita. Dentro, fuera, cerca de ella, en la piel, tomada, disfrutada, dulce o salada, el agua sana de manera prodigiosa y sus efectos se extienden a todas las áreas de nuestra vida. Como dice el dicho: "Muchos han sobrevivido sin amor, pero ni uno solo sin agua."

Te falta agua en el cuerpo

¿Alguna vez te has sentido cansado, irritable o ansioso sin razón alguna? ¿Se te ha enrojecido la nariz o el rostro después de una fuerte trasnochada? ¿No puedes dormir bien? ¿Sientes la cabeza pesada? ¿Has notado que tu tiempo efectivo de atención disminuye?

Nuestro cuerpo es 70 por ciento agua y somos seres eléctricos, para que dicha electricidad tenga buena conducción, es necesario hidratarnos bien.

Puedes pensar que te hidratas lo suficiente, pero ¿sabías que sentir la boca seca es uno de los indicadores de deshidratación que aparecen al último? Cuando sientes la boca seca es porque muchas funciones delicadas de tu organismo no sólo están afectadas, sino que ¡se han interrumpido! Y es así como se acelera el proceso de deterioro.

El agua simplemente nos hace felices. Quizá, en alguna capa del inconsciente nos regresa al vientre materno en donde fuimos creados y formados. El agua refresca la mente de manera instantánea y reduce el estrés. Muchos lo hemos comprobado al resolver alguna preocupación debajo de la regadera, al hacer *laps* en una alberca, o bien, al caminar en la playa junto al mar. Pareciera que cuando la mente divaga, o se relaja como sucede en o cerca del agua, las soluciones afloran.

Sólo flota

Si nadar no es lo tuyo, sólo flota.

"Notamos la reducción de los niveles de presión en la sangre, el ritmo de respiración y las ondas cerebrales con sólo estar dentro del agua", comenta el doctor Justin Feinstein, un neuropsicólogo del Laureate Institute for Brain Research, ubicado en Tulsa, Oklahoma.

El monitoreo se realizó con personas que flotaban sobre el agua tibia de una alberca. El médico agregó que a los pacientes con ansiedad relacionada con cáncer y dolor crónico les mostraban un video con sonidos e imágenes de agua y entonces el cortisol —la hormona del estrés— se reducía entre 20 y 30 por ciento.

Cuando te sea posible acude a lugares donde haya agua, sumérgete y procura viajar también dentro de ti a ese mundo aparte, para escapar por un momento, llenarte de energía y disfrutar de los placeres inigualables que el agua nos da. Sólo flota...

Queramos o no, somos seres "acuáticos", así que para subsistir apreciemos y tratemos con respeto la hermosa ofrenda que el universo nos da. No hay computadora en el mundo que pueda equiparar los procesos de metabolismo, absorción, reparación, eliminación, transporte y demás que suceden cada segundo dentro de nuestro organismo, y todos ellos dependen del agua que le demos.

Sí, la belleza externa sólo es un reflejo del orden y la belleza interna. Si tu cuerpo tiene agua suficiente, tus ojos brillarán más, tu piel será más elástica y tu organismo funcionará en niveles óptimos.

Rodéate de belleza

No puedo terminar este apartado sin incluir a las flores. En verdad, levantarte en la mañana y ver cerca un ramo de flores, equivale a iniciar bien el día.

La belleza también nos llena de energía. El gozo que provoca ver flores en el campo o en un jardín, lo podemos extender al interior de la casa. Y ver una flor sobre mi escritorio, en lo personal, me recuerda que en la vida no todo es trabajo.

Un estudio realizado durante diez meses, por el laboratorio Rutgers de la State University of New Jersey, demostró:

- Las flores naturales, en cualquier lugar, disparan emociones positivas, elevan los estados de satisfacción e impactan en la conducta social de una persona de manera positiva, más allá de lo que se cree normalmente.
- Las flores tienen un impacto inmediato en la felicidad y en la sensación de energía de las personas. Todos los que recibieron flores, sonrieron inmediatamente y demostraron extraordinarios deleite y gratitud. Esta reacción fue universal y en todos los grupos de edades.
- Las flores producen un efecto a largo plazo en el estado de ánimo de la gente. Los estudiantes que participaron reportaron sentirse menos deprimidos, ansiosos y agitados después de recibir flores y demostraron un nivel más alto de satisfacción y gozo por la vida.
- Las flores propician conexiones más íntimas entre familiares y amigos. Un lugar decorado con flores naturales crea una sensación cálida y positiva en las personas, quienes se sienten bienvenidas y en una atmósfera que invita a compartir. El lugar transmite limpieza y cuidado.
- Las personas enfermas se recuperan más rápido en presencia de flores.
- Bien vistas, las flores son mensajeras de otra dimensión que nos ayudan a elevar la conciencia, como dice Eckart Tolle en su libro *Una nueva Tierra*: son un puente entre las formas físicas y lo que no tiene forma.

Las flores contienen toda la belleza del cosmos. Tenlas junto a ti, te garantizo que de misteriosa manera, te harán sentir mejor.

Lo sagrado de la naturaleza

Estamos conectados a la naturaleza de forma energética más de lo que creemos. Sólo cuando percibes lo sagrado de la naturaleza te nace cuidarla. Te invito a adoptar todas o algunas de las siguientes maneras de protegerla:

En la calle

- En restaurantes o cualquier lugar, pide el agua que viene en botellas de vidrio.
- Rellena tu botella o termo de agua. Se utilizan 1.5 millones de toneladas de plástico para hacerlas cada año. ¿Adónde se van todas esas botellas?
- Lleva tu propia bolsa al súper. De tela, o una bolsa del mercado grande con asas, la puedes usar mil veces. Globalmente usamos 1 millón de bolsas de plástico cada MINUTO. Significa un costo de 2.2 billones de galones de petróleo al año.
- Recicla el papel. Imprime por los dos lados antes de tirar la hoja.
- Camina o usa la bicicleta. Si sólo un millón de personas sustituimos el coche una vez a la semana, podemos reducir las emisiones de CO_2 hasta en 100 000 toneladas al año.

En la casa

- Apaga las luces al salir de un cuarto.
- Cierra el agua al lavarte los dientes o las manos. No la dejes correr.
- Date baños cortos, de cinco minutos, por lo menos tres días a la semana.

- Pon a dormir tu computadora despúes de cinco minutos; por las noches apágala.
- De ser posible, usa tu ropa dos veces si no está sucia, antes de lavarla.
- Recicla, reutiliza y repara tu ropa.
- Desconecta cargadores y aparatos que no uses. ¡Consumen energía!
- Usa focos compactos de luz fluorescente; duran 10 veces más que los tradicionales y usan sólo una fracción de energía, lo que nos ahorra mucho dinero. Si un millón de personas lo hacemos, podemos eliminar más de 200 000 toneladas de emisiones de CO_2 al año, causantes del efecto invernadero.
- Reduce la cantidad de basura. De ser posible, inicia una composta con tu familia, a partir de la basura orgánica.
- Al usar la lavadora de ropa, utiliza ciclos tibia/fría, en lugar de caliente/caliente.
- Tira el aceite usado en una botella de plástico, no por la tubería.
- Haz rondas con los vecinos para dejar a los niños en la escuela o utiliza el servicio de camión escolar.
- Compra sólo lo necesario. La moda es la segunda industria que más contamina en todo el mundo. ¿Sabías que se gastan diez mil litros de agua para producir sólo un kilo de algodón?, con el que se confecciona únicamente ¡un par de pantalones de mezclilla!

LA ENERGÍA EN LOS ANIMALES

*"Hasta que uno no ha amado a un animal,
una parte del alma sigue sin despertar."*

ANATOLE FRANCE

El mensaje está en el viento

Esta es una historia que me impacta enormemente y abre mi conciencia a ver a estos otros seres de manera diferente. Te comparto:

Un día 7 de marzo los elefantes sintieron la muerte de su protector. La gente no se explica cómo fue que, tras su deceso, dos manadas de paquidermos salvajes, de distintas regiones en Sudáfrica, atravesaron Zululandia durante dos días, hasta llegar a la casa de quien les había salvado la vida para agradecerle y despedirlo. ¿Cómo lo supieron?

Los seres humanos estamos tan saturados de ruido y tecnología que olvidamos la conexión con la naturaleza y todo lo que ella tiene que enseñarnos. Hemos creído, sin pensarlo dos veces, que tanto las plantas como los animales carecen de ciertas cualidades y habilidades. Contrario a lo que siempre nos enseñaron, basta con observarlos para darnos cuenta de que tienen sentimientos y capacidades que nosotros, los humanos, todavía no comprendemos.

Lawrence Anthony, un espíritu libre y protector de animales salvajes, mejor conocido como "El Murmurador de Elefantes", vivía en Thula Thula, una reserva de vasta extensión en el centro de Zululandia o Reino Zulú, que es el hábitat de muchos animales salvajes.

"¿Le interesaría adoptar una manada de nueve elefantes?" Escuchó del otro lado de la línea. Se trataba de Marion, la directora de una asociación protectora de elefantes y a quien no conocía. "Si en 15 días nadie los acepta, morirán. La verdad es que nadie los aguanta por agresivos y destructores", continuó la mujer. "La líder de la manada se ha vuelto experta en tumbar cualquier barrera, incluso es capaz de sostener con los colmillos los alambrados con alto voltaje y aguantar la descarga, para que ella y su manada puedan escapar."

Conocido por su habilidad para calmar a elefantes agresivos, Lawrence ya tenía sus propios y variados problemas, sin embargo, le conmovió el valor de la elefanta líder y, cuando escuchó la palabra "morirán", decidió jugársela y aceptarlos.

"¿Estás loco?", le protestó su gente. Esta manada odiaba a los seres humanos, no sin razón. Años atrás algunos hombres habían matado a la mitad de su grupo, dejando a un elefante bebé y a varios pequeños sin sus padres.

Una vez decidido, Lawrence y su equipo se apresuraron a cercar la propiedad con un alambrado eléctrico de 8 000 volts, suficiente para echar atrás —valga la expresión— a un elefante. Desde su arribo, Nana, la matriarca de la manada, se mostró agresiva y violenta y logró derrumbar la cerca para escapar. Pero los elefantes fueron atrapados nuevamente. Lawrence trató todo, nada funcionó. Hasta que un día en lugar de matarlos, decidió dejar su casa e irse a vivir con ellos.

"Para salvar su vida, tengo que hablarles y darles de comer. Sobre todo, tenemos que conocernos, tenemos que convivir día y noche", se dijo y así lo hizo, además comenzó a tocarles la armónica, todo funcionó, tal como lo describe en su libro *The Elephant Whisperer*.

Un día Nana, rodeó el cuello de Lawrence con su trompa —lo cual es muy peligroso. Sus asistentes se quedaron petrificados y tomaron sus rifles de inmediato para apuntarle. "Calmados", les marcó con una seña de mano. "En ese momento, me le quedé viendo fijamente a los ojos y le dije: «Nana este es tu nuevo hogar, no puedes ir a ningún otro lado, porque te matarán.» Ella se me quedó viendo y en ese instante sentí su energía, supe que me había entendido y que ya éramos amigos. Nunca más intentó escapar."

Después le ofrecieron otro elefante "problema" que se había quedado solo tras matar o abandonar al resto de su manada. Tuvo que iniciar todo el proceso una vez más, hasta que se ganó su confianza. Y así, poco a poco, Lawrence adquirió su reputación y fama.

"Los elefantes no pueden comprender una computadora, pero tienen una comunicación física y metafísica que dejaría a Bill Gates con la boca abierta. De muchas maneras, nos llevan la delantera notoriamente", afirma Lawrence.

Lo que me parece increíble de esta historia es ¿cómo supieron las dos manadas, después de mucho tiempo de lo que te narro, de la muerte de su protector y salvador si él ya no se encontraba en el lugar? Sin duda fue a través de esa comunicación energética que existe y no alcanzamos todavía a comprender. Sí, el mensaje está en el viento, sin duda.

Esta historia me fascina, comprueba que estamos más conectados con la naturaleza y con los animales de lo que pensamos. A continuación te comparto otras historias que confirman que los animales tienen una sensibilidad a la energía difícil de explicar.

Cuando la piel se borra

Esa mañana de domingo, al dar la vuelta en el angosto puente que cruza el río, el caballo resbaló y tanto él como el jinete cayeron a la cañada de dos metros de profundidad.

Nos encontrábamos en medio del campo en el Estado de México, lejos de cualquier vivienda o poblado. Durante el accidente, el jinete, por fortuna, logró alzar la pierna y saltar del equino segundos antes de la caída. En cambio, el frisón, con alrededor de 800 kilos de peso, quedó atrapado entre los dos muros angostos y empedrados, con las cuatro patas hacia arriba y su enorme cuello torcido hacia un lado; se le podía ver sangre en el hocico.

Desmontamos para ayudar, pero el caballo, al verse atrapado, pateaba desesperadamente, intentando incorporarse con todas sus fuerzas, mas su peso y su gran tamaño lo vencían: no podía darse la vuelta. Cada vez que intentaba moverse, se hundía más.

Al grupo de amigos compuesto en su mayoría por niños y una pareja de adultos, además de mi esposo y yo, nos era imposible mover al angustiado frisón, que gemía de dolor e incomodidad.

"Voy por cuerdas y otros muchachos para que me ayuden", gritó Israel, nuestro acompañante y lugareño, dejándonos con nuestra angustiada impotencia. Se necesitaban muchos hombres fuertes para voltearlo y no sabíamos si lograría reunirlos, ni en cuánto tiempo.

Mientras la ayuda llegaba, me hinqué y me agaché lo más que pude para que mi mano alcanzara la cabeza del frisón y su enredada crin, quería acariciarlo e intentar calmarlo. En el momento en que lo hice, sentí algo único y hermoso: me fundí con él, se borraron las barreras de la piel y de la especie: el caballo y yo éramos uno mismo. Éramos dos seres vivos que sentíamos de la misma manera un momento de angustia.

Fue entonces que vi con claridad que en verdad la conciencia es una, y que ésta se manifiesta en distintas formas o niveles de desarrollo. No hay nada que esté separado o dividido: ni las plantas ni los animales ni la tierra ni, al cabo, nosotros. Somos uno. El Todo está en el todo. Ese día comprendí el viejo proverbio chino: "La conciencia en la piedra duerme, en las plantas sueña, en los animales despierta y en los humanos se reconoce."

En ese instante agradecí el contacto de la piel, ¡comunica tanto! A través de su negro pelaje intenté transmitirle toda mi energía de apoyo, de comprensión y de cariño. Como retribución sentí una gran ternura; supe que estaba adolorido y que hacía un esfuerzo por controlarse. Percibí que se sentía expuesto, vulnerable y débil a pesar de su majestuosidad, y si bien seguía gimiendo, lo hacía con resignación.

De extraña manera, también supe que agradecía las caricias y la compañía que le daba, porque a partir de entonces aceptó su condición, se rindió a sus circunstancias y esperó con toda mansedumbre a que la ayuda llegara; instintivamente él sabía que llegaría.

Su nobleza en ese lapso era toda una lección. Después de una hora arribaron diez hombres; nos parecieron ángeles cargados de cuerdas y ganas de ayudar, lo que logró que el frisón se incorporara después de varios forcejeos. Le revisaron el hocico lastimado y sólo se trataba de una leve herida. Todos respiramos y emprendimos el camino de regreso. En lo personal, quedé convencida de que, si bien el caballo no me conocía, a partir de esa experiencia los dos creamos un lazo que reconoceremos en un futuro encuentro.

Una razón más para amar a los perros

La historia que voy a contar me parece increíble. Revela la conexión profunda entre los humanos y los perros, además es una razón más para respetar, admirar y adorar a estos animales.

Katie Krampitz tenía sólo tres años de edad cuando le diagnosticaron diabetes tipo 1, condición que, varias veces al día, eleva y produce caídas en picada de los niveles de azúcar en la sangre. Con las subidas siente náuseas y la boca se le seca, con los desplomes comienza a temblar, le dan tremendos dolores de cabeza y pierde la habilidad de enfocarse. Katie por lo general se siente bien, excepto cuando aparecen los síntomas de manera abrupta. Entonces tiene únicamente unos minutos para tomar las medicinas que la estabilizan.

Hace dos años, los papás de Katie comenzaron a buscar la forma de controlar en lo posible los niveles de azúcar en la sangre, pues las fluctuaciones drásticas podían afectar sus órganos, en especial los riñones. En lugar de comprar un costoso aparato de alta tecnología, optaron por algo mucho más hermoso: un perro labrador de siete meses llamado Rue.

Resulta que Rue estaba entrenado para alertar a Katie sobre las variaciones peligrosas de los niveles de azúcar ¿No es increíble? El labrador negro toca con su pata a la niña de manera constante cuando el azúcar sube demasiado, entonces lame a la pequeña y la toca con la nariz cuando decae por debajo de lo normal. Ocho meses después de que Rue formara parte de la vida de Katie se comprobó, mediante una muestra de sangre, que los niveles de glucosa eran perfectamente estables por primera vez desde el diagnóstico.

Hoy Katie tiene 17 años, es raro verla sin su perro. Rue la acompaña a todas partes, desde al cine con sus amigas, hasta a su trabajo en un centro comercial, de acuerdo con el reportaje de la revista *The Good Life* del mes de julio 2018.

Esta historia me conmueve mucho, no sólo por la consabida inteligencia de los perros —en especial de los labradores, mis favoritos—, sino por los alcances que pueden tener en nuestras vidas, sobre todo en la salud. Es asombroso su grado de agudeza, fidelidad y sensibilidad en asuntos cotidianos o en las pequeñas instrucciones que les damos; por ejemplo, Rue es capaz de avisar a Katie 30 a 40 minutos antes de que suceda una crisis, esto la ha salvado en múltiples ocasiones de padecerla.

No sólo es su poder olfativo

Para comprender el poder olfativo de un perro, hay que compararlo con el nuestro. "Si nosotros podemos detectar un determinado perfume en un cuarto, un perro puede detectar el mismo perfume en un estadio de futbol lleno de personas", comenta Dina Zaphiris, fundadora de In Situ Foundation, institución dedicada a entrenar perros para olfatear el cáncer en etapas tempranas.

Sin embargo, no sólo esto los hace especiales. Los investigadores de las universidades de Pennsylvania y Maryland, encontraron que, a un año de ser hospitalizados por enfermedades cardiacas, el promedio de mortalidad entre los pacientes que convivían con un perro era de un tercio en relación con aquellos que no lo hacían. Su presencia durante un periodo de estrés o enfermedad reduce nuestra reactividad cardiovascular... Quizá se deba a que son compañeros que no juzgan, únicamente aman.

Cuando los papeles se cambian

Felipe, mi perro labrador, quien me amaba como pocos seres me han amado, con su mirada inocente, fidelidad y amor incondicional, me conectaba con ese mundo de "espacio silencioso". Hace apenas unos meses salí a pasear con él, cuando ya estaba viejo y enfermo. Esa mañana caminamos por el lugar que él más amaba, el campo abierto del Estado de México. Yo iba con el alma contraída, pues de un momento a otro me avisarían que el doctor había llegado para dormirlo y evitar con ello que siguiera sufriendo. Fueron nuestros últimos momentos juntos.

Felipe era mi entrenador personal. Bastaba que me pusiera la ropa para andar en bicicleta y él empezaba a ladrar y a brincar de emoción. Durante nuestros recorridos mañaneros ladraba a mi lado si me detenía o pedaleaba despacio por sentirme cansada, como diciendo: "¡Aquí nada de flojeras, eh!" Sólo se callaba cuando apretaba el paso, entonces movía la cola satisfecho. Era exigente, como buen entrenador.

Estoy segura de que Felipe estaba conectado con ese mundo silencioso de energía, en el que procesamos la información de manera más veloz que con palabras. Lo sé porque un día, después de que me extrajeron la tiroides, salí con un grupo de amigos al usual recorrido que hacemos por el campo los fines de semana, lo hice aun cuando no tenía energía, sólo por darle gusto a Felipe.

Muchos metros atrás de la cuadrilla yo pedaleaba con esfuerzo. Mi fiel labrador, que generalmente se adelantaba con el grupo y regresaba a caminar a mi lado, en esa ocasión me acompañaba tranquilo, callado y con una enorme paciencia. De alguna manera sabía que yo no estaba en condiciones de ir más rápido. Cuánto se lo agradecí.

Ese último sábado los papeles cambiaron. Era yo quien caminaba a su lado a paso lento, debido al tumor canceroso que le dificultaba moverse. Mientras gozábamos juntos sus momentos finales, escuché con miedo el sonido del radio que anunciaba la llegada del veterinario. El corazón se me detuvo.

Felipe, de alguna manera, lo supo y en ese espacio silencioso los dos lloramos juntos antes de regresar.

Los beneficios de tener una mascota

Para nadie es un secreto que si algo distingue a los perros es su nobleza innata. Y cuando tratas bien a una mascota —desde que nace— ella te responde con creces el resto de su vida. Sólo te quiere, no te juzga ni condiciona su cariño. Hay un dicho que lo expresa todo: "Dios mío, ayúdame a ser tan bueno como mi perro cree que soy." Tener un perro como compañía reduce el estrés, la ansiedad y provoca que enfoques la mente en otras cosas, más allá de tus problemas.

Por otro lado, tener a un perro o a un gato, y acariciarlo, es muy importante, pues las caricias intercambian energías que son benéficas tanto para el que las da como para el que las recibe. Es por ello que, quien tiene un perro, es menos probable que sufra de depresión. Además, a las personas nos da una sensación de protección o seguridad pasear a nuestras mascotas; por cierto, esto hace que nos ejercitemos, lo cual sabemos, es muy bueno para todo.

Y ni hablar de los beneficios que provocan en las personas mayores, más si viven solas. Cuando una persona tiene un perro o un gato como mascota, se crea una relación de cariño entre ambos que elimina la sensación de soledad. Además, tener a quien cuidar, satisface esa necesidad humana de brindar protección, de estar con alguien que necesite nuestras atenciones y cuidados.

Puntos a recordar:

1. La aceptación, la cooperación, el no juicio y dar lo mejor de ti, libera en tu cerebro seis potentes neurotransmisores: norepinefrina, dopamina, endorfinas, serotonina, anandamida y oxitocina, todas son hormonas de placer.

2. Convivir en una familia, empresa o comunidad nos enriquece, cuando todos vibran en frecuencias altas. Tú puedes iniciar dicha energía y contagiarla.

3. Rodéate de personas y elementos de alta vibración energética, te harán la vida más amable.

4. El primer punto de contacto con el otro no es la piel, es la energía. Antes de saludar con la mano o la palabra, el otro ya percibió lo que tu corazón pulsa.

5. Cuando tengas una cita importante, antes de llegar posiciónate mentalmente como una persona segura y orgullosa de ti.

6. En tu mente date el lugar de lo que eres: una persona valiosa. Sólo cuando tú lo reconoces, los otros lo pueden ver.

7. Los colores son vibraciones electromagnéticas, pulsaciones de energía y mandan mensajes, lo mismo cuando los llevamos puestos, que cuando se encuentran en el entorno.

8. Escucha música que te agrade, así el nivel de las hormonas del estrés decae, mientras los químicos del bienestar, dopamina, endorfinas, serotonina y oxitocina repuntan.

9. Recuerda que el descanso no se da en el cuerpo, se da en la mente y ella necesita airearse. Nada mejor que un paseo en la naturaleza.

10. Un paseo en el bosque es una gran terapia. Eleva tu sistema inmunológico, reduce la depresión, el enojo, las hormonas del estrés y te inunda de bienestar.

11. Los iones negativos, generados por la naturaleza, pueden ser los mejores antioxidantes del planeta.

12. El agua es bendita. Dentro, fuera, cerca de ella, en la piel, tomada, disfrutada, dulce o salada, el agua sana de manera prodigiosa y sus efectos se extienden a todas las áreas de nuestra vida.

13. Cuida la naturaleza y todo lo que la pueda afectar. Si la dañamos, nos dañamos. No hay manera de separarnos de ella.

14. Sé consciente de que los animales tienen una sensibilidad difícil de explicar para captar la energía de las personas y del entorno.

15. Para reducir tus niveles de estrés, acaricia a un perro. Las caricias son tan benéficas para el que las da como para el que las recibe.

5

ENERGÍA
emocional

LO QUE SIENTES CAMBIA LO QUE VES

"El alma del alma del universo es amor.
Somos estrellas envueltas en piel.
La luz que siempre has buscado, está dentro de ti."

RUMI

—

El video dura sólo dos minutos. La cámara recorre la ciudad de Manhattan, muestra una serie de tomas y diferentes aspectos de la ciudad: personas, momentos, autos, parques, calles, en fin. Sólo hay dos versiones. En la primera, la música de fondo es caótica, como Manhattan, al grado de resultar incómoda y dar ganas de parar el video. En cambio, la segunda versión transmite la belleza, la armonía y la buena vibra que la ciudad de la manzana puede tener. Lo curioso es que se trata del mismo corto, las mismas tomas y la misma duración. La única diferencia abismal radica en el la música de fondo que, como dijimos, en el primer minuto es caótica, en el segundo escuchamos la "Primavera" de Vivaldi.

Nuestra percepción es completamente diferente. Sabemos que 50 por ciento de la experiencia de ver una película está constituida por las tomas y las situaciones que plantea, mientras el otro 50 por ciento lo conforma el *soundtrack*.

De la misma manera, tus emociones son como la música de fondo que influye en tu percepción de las personas, los momentos y la vida misma, sin darte cuenta del todo. Las escenas cotidianas cambian por completo según la emoción que sientas en ese momento. ¿Te das cuenta? Puedes estar en el paraíso, pero si tu mente está enfrascada en algún rencor, la emoción te acompaña y el paraíso desaparece.

Tus emociones son las principales manipuladoras de tu fisiología. Sin embargo, son las emociones las que le dan color y sentido a tu vida. ¿Te imaginas, por ejemplo, abrazar al ser que más amas y carecer de la capacidad de sentir el amor y el gozo?, o ¿qué pasaría si al terminar el maratón para el cual tanto te preparaste, no pudieras experimentar el orgullo y la emoción de haber logrado la meta? O simplemente visualiza levantarte por la mañana, ante un amanecer hermoso pero... te das cuenta de que no puedes sentir nada. ¿Tendría la vida el mismo sentido?

Estamos tan acostumbrados a convivir con nuestras emociones que las damos por un hecho, y para bien o para mal tienen un gran poder, le dan sentido a todo lo que hacemos y le dan textura a nuestra existencia. Por eso las anhelamos y las buscamos, aunque no siempre de una manera consciente: lo cierto es que nos hacen sentir vivos.

Las emociones no son buenas ni malas, son literalmente una energía que viaja dentro de tu sistema con una información; cuando dicha información no se siente bien, piensa que sólo es un aviso que el corazón te da, como el foquito que se prende en el tablero del coche para avisarte que debes abastecerte de gasolina o de aceite.

Es un hecho que los seres humanos somos más capaces de causar dolor en otro que reconocer el propio. Necesitamos desarrollar una inteligencia para manejar esa fuerza y esa energía que se crea en nuestro interior, que nos puede cegar por completo y llevar a realizar actos de los cuales nos arrepentimos.

"Es la emoción, no la razón, la fuerza detrás de la gran mayoría de las guerras y conflictos en el mundo... Se necesita inteligencia para manejar esta fuerza interna tan potente que

por siglos hemos ignorado, para usarla para un bien mayor",
afirman los doctores Doc Childre y Howard Martin, expertos
en el tema de las emociones.

Produce 200 veces más oxitocina

Cuando tu corazón está en un estado de coherencia generas
emociones que se sienten bien, como amor, aprecio, gratitud y
demás. En ese estado de coherencia secretas 200 veces más oxitocina, la hormona del apego, lo que te hacer sentir pleno, conectado y completo. Por esta razón el amor es una droga, como
afirma Bruce Lipton. Es lo único que crece cuando se reparte.
Cuando te abrazan con amor, secretas oxitocina. Y cuando tienes alta la oxitocina, es imposible sentir resentimiento.

Es entonces que la cabeza se alinea con el corazón, lo que
podríamos comparar con un marido y su mujer cuando se
aman, se hablan y se llevan bien; todo en la casa funciona de
manera armoniosa. Esto en tu cuerpo significa que tienes claridad mental, bienestar emocional, mejor salud, que duermes
mejor, tu desempeño mejora y tus relaciones fluyen.

En cambio, cuando las emociones no se sienten bien, porque son de ira, de intolerancia, de envidia y tantas más, el corazón entra en un estado de incoherencia. ¿Qué quiere decir?
Que tus sistemas internos como el hormonal, el nervioso y
el inmunológico están en desarmonía, lo cual crea el terreno
perfecto para la enfermedad.

Cuando la mente secuestra tu energía emocional, gobierna tu vida. ¿Qué significa esto? Problemas, conflictos y baja
calidad de vida.

Elévate

La buena noticia es que no tienes que esperar a que la vida
se acomode como deseas para sentirte bien; tú puedes crear

emociones positivas de adentro hacia afuera y no ser víctima de las circunstancias. Puedes elevarte por encima de la tragedia, del drama; puedes crear instantes de paraíso a propósito y a voluntad, ¡y 200 veces más oxitocina!

Como la energía no se puede crear o destruir, sólo transformar, cuando notes que tu música de fondo es caótica, detente...

Cierra los ojos y por unos minutos lleva tu atención al corazón, respira y mándale aprecio, gratitud y amor. Piensa que es lo más valioso que tienes, basta que falle y tu estancia en este mundo se termina. ¿Te das cuenta? Sé un científico en tu propio laboratorio y observa cómo te sientes en ese estado de coherencia. Más de 1 000 cosas positivas suceden en tus sistemas y es ¡tan fácil generarlas!

Los primeros pensamientos del día

¿Qué te dices cuando abres los ojos por las mañanas? ¿Qué pensamientos son los que suelen invadir tu mente al despertar? ¿Tienes alguna queja o preocupación? ¿Cuándo te ves al espejo, te bañas, te vistes? ¿Piensas con pesar en todo lo que tienes que realizar en el día? Desde esa energía es imposible crear un buen día, ¡imposible!

Los primeros pensamientos del día son importantes porque marcan el tipo de energía con la cual vivirás esas siguientes horas y quizá —al volverse una costumbre— las semanas, meses, años o toda la vida. Mucha gente inicia su día con: "Agh, ya amaneció y tengo que levantarme" y antes de colocar los pies en el suelo, por su mente ya pasaron mil pensamientos negativos de preocupación o desagrado. Recuerda que basta sostener un pensamiento y una emoción durante 16 segundos, para que en tu cuerpo se desencadene toda una cascada bioquímica y hormonal que te darán beneficios o problemas.

Si eres un papá o una mamá que te tienes que levantar temprano, para apurar a los niños a la escuela o llegar al trabajo, es importante que te levantes 15 minutos antes para tener un tiempo para ti. Crear algún tipo de ritual sencillo que te haga sentir bien. Sí, darte tiempo es una de las cortesías más valiosas: tiempo para conectarte con Dios, para agradecer, para escucharte, para elevar tu energía, para decir y sentir: "Hoy voy a tener un buen día", para estar más presente. Porque...

Las emociones no te pasan, no te suceden, tú las creas

"El trabajo más importante del cerebro no es pensar, sentir, ni siquiera ver, sino mantener el cuerpo vivo y en buen estado para sobrevivir y disfrutar... ¿Cómo logra esto tu cerebro?" comenta la investigadora Lisa Feldman Barrett, reconocida neurocientífica, profesora de la Harvard Medical School y autora del libro *How Emotions are Made: The Secret Life of the Brain*. Feldman nos dice que, así como una sofisticada adivina, el cerebro predice constantemente. Esas predicciones se convierten en emociones. Por lo tanto, como el cerebro en esencia fabrica las emociones, podemos enseñarle, desde que amanecemos, a que les cambie la etiqueta.

Es decir, no somos víctimas de nuestras emociones, sino arquitectos de nuestras experiencias; tenemos más control sobre ellas de lo que pensamos.

Me parece interesante lo que Feldman descubre en sus más de 25 años de investigadora sobre las emociones:

1. **Amplía el vocabulario de tus emociones**. Éstas sólo cobran vida cuando las puedes nombrar. ¿Qué es en específico lo que sientes? No es lo mismo calificar tu experiencia con un: "Me sentí increíble", que con: feliz,

emocionada, relajada, gozosa, esperanzado, bendecida, orgulloso, inspirada, satisfecho y demás; o: "Me sentí mal", que: enojado, alarmada, herido, pesimista, apabullado, confusa, fatigado, irritable o incapaz.

Al nombrar con más detalle lo que sientes, la emoción se dimensiona y el cerebro proporciona las herramientas para tener una respuesta más flexible y útil. Además, mejora tu inteligencia emocional. "Las personas que pueden construir más finamente sus experiencias, visitan menos al doctor, toman menos medicinas y se enferman menos", comenta Feldman. ¿Qué tal?

2. **Cambia la etiqueta de cómo te sientes.** Por ejemplo, si estás a punto de entrar a una cita importante y tu corazón comienza a latir de manera acelerada, el cerebro puede etiquetar la sensación como "ansiedad dañina": "Lo voy a hacer pésimo", o bien, como una "preparación anticipatoria": "Estoy emocionada y lista para dar lo mejor de mí." Es decir, ordena y alinea esas mariposas en el estómago, en lugar de que vuelen en desorden. Investigaciones muestran que los estudiantes de matemáticas pueden mejorar sus exámenes finales al recategorizar las emociones. ¿No es increíble?

3. **Asegúrate de tener al cuerpo contento.** Cada vez que no duermes bien, tienes hambre, estás deshidratada, incómodo, tienes frío o calor excesivo, el cerebro genera más pensamientos y, por lo tanto, emociones negativas. Si se cambian los ingredientes, cambia la experiencia.

Recuerda, los primeros pensamientos del día marcan la energía con la cual vivirás la jornada entera. Es importante que te regales 15 minutos, ¡vaya, cinco! antes de levantarte para dirigir tus pensamientos hacia la gratitud por todo lo que sí tienes, no sólo como un acto —casi obligatorio— de conciliación con la vida; sino para modificar las estructuras de la mente y que el día cambie por completo.

Te invito a volverte consciente: "Las emociones no te pasan, no te suceden, tú las creas."

¿Desde qué energía hago esto?

Al inicio del libro vimos que todo lo que haces se impregna de la energía con la que lo haces. Entonces, cuando algo en tu vida no va bien, pregúntate ¿desde qué energía hago esto? Sé honesto y averigua si eso que crees que pulsas, es en realidad lo que pulsas. Puedes sonreír o pretender y decirle al mundo que disfrutas hacer algo y, en el fondo, pulsar mala energía cargada de ira, resentimiento o tristeza. Lo cierto es que a nadie engañas y sí la esparces.

El tema es ser consciente y aceptar que emitas lo que emitas, no significa que seas mala persona o que el otro lo sea. Sólo que, en este mundo cuántico que todavía no acabamos de comprender, la energía te va a afectar primero a ti y después a tu entorno.

Cuando en un grupo, en una familia, todos se contagian y resuenan en la misma frecuencia positiva o armoniosa, se llama sinergia, el conjunto se ordena ¡funciona, avanza, fluye, se hace más eficiente. Y cuando no, es obvio que sucede todo lo contrario.

EL PODER DE LA ENERGÍA "NEUTRAL"

"Lo que están a punto de experimentar va mucho más allá de un simple baño de vapor, es una ceremonia ancestral. Será como ir al vientre de la Tierra, una experiencia profunda, auto reveladora y sanadora." Esto nos dijo el chamán antes de introducirnos al temazcal en Amatlán, Morelos. "Ahí adentro encontraremos dos fuerzas opuestas y creadoras: agua y fuego. Al unirse crearán un tercer elemento: el vapor. Ese encuentro es el punto neutral entre dos fuerzas, es el espíritu que da lugar a la vida." Aquí es donde la vida comienza.

Si bien la experiencia fue única y cumplió con todo lo que el chamán nos advirtió, me quedé con la idea del vapor como espíritu de vida, como punto neutral que nos sana, equilibra y nos permite vivir. Nunca lo había pensado.

El punto de encuentro en cualquier polaridad es por definición *neutral*. Al pensar en las fuerzas opuestas que día a día descubrimos en nuestra vida, como frío-caliente, triste-feliz, adentro-afuera, luz-oscuridad, arriba-abajo, pasivo-activo, ácido-alcalino, radical-conservador, joven-viejo, izquierda-derecha, lo que queremos-lo que no queremos, en fin, su lugar de encuentro es el punto cero, el neutral.

Cuando te sales de tu centro, ¿cuánto tiempo tardas en regresar a un estado de armonía? ¿Escuchas al otro cuando estás fuera de tu centro? ¿Si la mente no se calla, puedes encontrar alguna solución?

Todos los seres humanos adultos que habitamos este planeta tenemos algo que nos produce estrés, conflicto o preocupación, unos más, otros menos. Sin embargo, con frecuencia esa emoción negativa, se vuelve una costumbre y ya no te das cuenta de que hay otras maneras más amables de vivir. En ese estado, sólo se percibe una especie de humo negro que sale de tu persona.

Cuando enfrentas estas situaciones cotidianas negativas y optas por visitar el punto neutral, creas ese vapor, una nueva energía, un espacio nuevo donde se abre la posibilidad de una nueva perspectiva.

¿A qué energía te conectas?

Lo "neutral" da pie a la pausa y la cordura, facilita que la mente se aclare y la coherencia en las emociones se presente. No puedes pasar de una emoción, como el enojo, la envidia, a una emoción más compasiva como si fueras un *switch* que apaga y prende la luz. Primero necesitas ir a un punto neutro.

El poder de lo neutral es la pausa que te permite encarar tu propia negatividad en lugar de atacar o huir —que son nuestros modos usuales de supervivencia—. Por eso es urgente descubrir la manera de llegar a la neutralidad.

Tú eres responsable de las energías que se generan dentro de tu piel, así como las que permites que entren. Si estás frente a una persona neurótica, tú decides si te conectas o no a su energía; como también si convives con un compañero que está conectado al "no se puede" como hábito. Eres libre de elegir. Al cambiar lo que tú pulsas, cambias tu realidad.

De la misma manera, con frecuencia, no somos conscientes de que las personas no "nos hacen" cosas, ellas hacen cosas y nosotros decidimos si nos afectan o no.

El entorno está lleno de campos energéticos y tú decides a cuál le das acceso o bien, te detienes y te reconectas con otro campo de energía más nutritivo. Hay quienes portan sus propios infiernos o cielos energéticos como una nube y la llevan a donde quiera que vayan. Sé consciente.

¿Te has preguntado qué energía pulsas tú, por ejemplo, a tus hijos, a tu nuera —si tienes—, a tu pareja?

Las leyes de física nos dicen que a toda acción hay una reacción. Si a la negatividad reaccionas con negatividad, creas más negatividad. Además, en ese estado no puedes pensar de manera clara, por lo que cualquier decisión que tomes será la equivocada; sin contar con el estrés al que sometes a cada célula de tu cuerpo y las consecuencias que esto conlleva.

Hay personas que pulsan una energía de conflicto y a donde vayan tienen problemas; no es que sean malas personas, sin embargo, ya se pelean con la mesera, con el que despacha gasolina, con el vecino, se pegan en todos lados y demás. No se dan cuenta y por ende no lo pueden cambiar. ¿Conoces a alguien así?

Si en algún momento sientes que esta persona puedes ser tú, pregúntate ¿qué o por qué estoy generando esto que me trajo a este punto?

Cuando un bebé llega al mundo, viene con una energía sagrada y neutra; somos los papás los que, a través de nuestro ejemplo, de nuestro trato como pareja y del trato que le damos a ese niño, que será adolescente y adulto, coloreamos el tipo de energía con la que experimentará y percibirá la vida.

Al elegir el punto neutral creas una fuerza magnética que atrae una corriente positiva. Y es así, sólo así, como puedes catalizar un cambio positivo en tu entorno personal y social.

¿Dónde está precisamente ese lugar de transformación?

El punto neutro lo logras a través de practicar la "Respiración de corazón" que ya hemos mencionado hasta el cansancio; nadie lo notará. Es el camino que te lleva a un contacto profundo con tu verdadero ser, donde se encuentra la paz. Además, serás capaz de transformar no sólo tu química interna, también quizá hasta tu entorno.

CUANDO LA ENERGÍA SE ATORA

"Quítate del camino y permite que tu gozo tenga más espacio."

RUMI

—

Ese fue uno de mis grandes retos. Quería reafirmar mi identidad profesional, verme mejor ante los ojos de la gente, cobrar valor ante mi familia y ante mí; quería ser popular, como si eso fuera la moneda de cambio necesaria para valer como persona. ¡Cuánta energía desperdicié!

La oferta para conducir un programa de televisión era lo que mi ego más anhelaba. Y a pesar de encontrarme rebasada de trabajo, de saber que no era congruente aceptar la oferta por varias razones; de no poder dedicarle a mi familia el tiempo deseado y de que todas las células de mi cuerpo me gritaban que no debía aceptar, dije sí.

El programa duró un año y medio al aire, mismo tiempo en que me llené de achaques por todo el cuerpo, no dormía bien, vivía con alguna contractura en el cuello y hombros, por lo que mi poco tiempo libre me la pasaba visitando doctores.

Una mañana de noviembre mi padre murió y esa tarde teníamos que grabar dos programas. Sobra narrar el estado en el que me encontraba para poner "cara de tele" y actuar como si nada; sin embargo, en ese trabajo no puedes decir no, faltar a la cita o pedir cambios. Los foros de grabación están apartados y programados con meses de anticipación y el programa tiene que salir.

Llegué a la cita y vi que, a la entrada del foro, me esperaban las tres productoras que me ayudaban con el programa. Me abrazaron para darme el pésame cuando me escuché decir: "Voy a renunciar al programa." Respira, respira...

Puedo afirmar que la decisión fue una energía que llegó *a través* de mí, no *salió de* mí. Surgió de alguna parte de mi ser que no era ni la cabeza ni el ego. La resolución se abrió camino por un túnel profundo cavado tiempo atrás, como quien escapa de una cárcel. Me dejé llevar.

Grabé los programas suficientes para cubrir siete semanas y dejé la televisión. Misteriosamente, poco a poco, todos los achaques que padecí durante 18 largos meses se desvanecieron hasta desaparecer. Aprendí algo. Cuando la energía no fluye, estás en el camino equivocado. Mi esfuerzo para sacar las cosas adelante daba frutos en apariencia, pero en el fondo, vivía un conflicto interno entre lo que la cabeza me dictaba y lo que mi corazón me decía, lo cual me drenó la energía por completo.

Con frecuencia, cuando la energía se atora, llega a ser como el ruido del refrigerador, es tan constante que ya no lo notas. El intercambio entre las personas, el alma, el cuerpo, la mente y el ambiente, es contaminado y tóxico lo cual trae infelicidad, frustración, enfermedad y desasosiego.

¿Qué hacer entonces cuando en ese intercambio detectas que una persona determinada te succiona la energía con la fuerza de una aspiradora? A todos nos ha pasado y por lo general ya tenemos detectado con quién nos sucede. Casi siempre suele estar en nuestro círculo familiar cercano, por lo que dejar de verla —que sería la primera opción— resulta imposible.

Lo que te recomiendo es: antes de llegar o entrar en contacto con la persona, te dispongas a abrirte y comprenderla. Usualmente son personas con muchas carencias de tipo emocional y literalmente requieren "tomar" energía de otros para sentirse bien. Por lo tanto, inhala y exhala desde el corazón para elevar tu nivel de vibración y crear mentalmente una especie de "halo de protección". Respira, respira...

Se requiere un poco de conciencia para darte cuenta de que alguna persona en especial te desarmoniza. En cambio, cuando la energía fluye, el resultado es la vitalidad y el intercambio armonioso entre las personas, el trabajo y su ambiente.

¿Qué tal si...?

Después de que lo expulsaran dos veces de la Universidad de Harvard, Richard Buckminster Fuller, gran futurista y visionario estadounidense del siglo XX, trabajó como mecánico y empaquetador de carne.

En 1927, a los 32 años, sin trabajo ni dinero, sufrió la muerte de su hija menor de cuatro años, de la que se sintió responsable: pensaba que las corrientes de aire en su casa habían contribuido a su fallecimiento; no se lo perdonaba. Entonces se perdió, se dedicó a beber y tuvo pensamientos de suicidio, como él mismo contó decenas de veces en sus pláticas.

Sin embargo, un día, en ese estado y siendo un "don nadie" tuvo una revelación. Se dio cuenta de que no tenía derecho a quitarse la vida, que él era parte del universo e investigaría de qué manera, una sola persona —él mismo—, podía cambiar el mundo y beneficiar a toda la humanidad.

Los siguientes 56 años de su vida se dedicó a seguir ese llamado, a arriesgarse y preguntarse: "¿Qué tal si...?"

Buckminster Fuller se convirtió en arquitecto, gurú del diseño y gran inventor, por ejemplo, perfeccionó la famosa cúpula geodésica que hoy se utiliza en el mundo entero. Además se volvió un gran líder que cambió las formas de vivir de muchas personas. Fue autor de 28 libros, activista ambiental, recibió 44 reconocimientos honorarios y registró 25 patentes en Estados Unidos.

Su punto de partida fue la experiencia devastadora que lo llevó a tocar fondo y, desde ahí, brincar para cambiar la forma en que él se veía y buscar soluciones nuevas para el bien común.

No hay nada en medio

Todos vinimos a aprender lecciones en la escuela de la vida; lo podemos hacer desde el dolor o desde el amor. Cada persona o situación nos enseña algo. ¿Cómo saber si estás en el camino correcto? Sólo hay dos rutas: una te empodera y la otra te debilita. La clave y el reto es darte cuenta si lo que elijes te llena de energía, o bien, es algo que te drena por completo. No hay nada en medio: o caminas hacia el amor o hacia el miedo.

Cuando te diriges hacia el miedo, te traicionas. Pensamos que la traición de otros es lo peor que nos puede pasar, sin considerar que es mucho peor traicionarse. Cuando sin conciencia lo hacemos o traicionamos a nuestra pareja, trabajo y valores, nada fluye, todo se vuelve difícil, se atora y percibimos una inquietud de fondo. Al admitir: "Hacer esto me ha costado una vida entera y me siento confundido y vacío", tenemos la mejor señal de que nos hemos equivocado.

Ceder de manera voluntaria y con amor ante una persona o una circunstancia no es traición. En cambio, sí lo es permanecer por temor o conveniencia en una situación en la cual eres infeliz o sólo finges la felicidad.

Curiosamente, cuando esto sucede, la gente pierde respeto por lo que haces, no aprecia lo que eres o lo que vales. Y peor aún, no te sientes bien. Si, por el contrario, te alineas con tu propósito en este mundo, las cosas simplemente fluyen. Te puedes cansar, pero en absoluto te sentirás debilitado.

Cada momento de la vida te habla, las casualidades son un llamado que con frecuencia se presentan con un "¿qué tal si...?". A veces tenemos que caer desde lo más alto para reconectarnos con lo que somos, lo que realmente es importante y lo que vinimos a hacer a este mundo.

La vida de Buckminster Fuller nos enseña a confiar y a comprender que todo lo que experimentamos, las alegrías y las tristezas, tarde o temprano —de estar despiertos— nos puede conducir a algo mayor. Por lo pronto, para elevar tu energía...

Deja de quejarte

Me gusta esta vieja historia que ahora te comparto, porque ilustra cuánto bien nos haría dejar el hábito de la queja.

Había una vez un plomero que trabajaba temporalmente para una pequeña granja; después de terminar una larga jornada de trabajo, una llanta de su vieja camioneta se ponchó. Cambiar la llanta le tomó una hora, sólo para después darse cuenta de que era imposible encender la camioneta: la marcha también se había descompuesto. Al ver eso, su jefe lo llevó a casa. En el trayecto, el plomero permaneció callado.

Cuando llegaron, el plomero invitó a su jefe a pasar y a conocer a su familia. Al acercarse a la puerta de entrada, el plomero hizo una pequeña pausa frente al árbol que daba sombra a la fachada, con lentos ademanes tocó las puntas de sus ramas con ambas manos. Cuando su esposa abrió la puerta, tuvo una asombrosa transformación: su cara se arrugó con grandes sonrisas, abrazó a sus dos hijos y besó a su mujer.

"¿Por qué tocaste las ramas del árbol?" Le preguntó su jefe cuando lo acompañó de vuelta a su coche. La respuesta fue: "No puedo evitar los problemas en la vida y en el trabajo, pero una cosa sí tengo clara, esos problemas no pertenecen ni a mi esposa ni a mis hijos... Así que todas las noches, antes de entrar a casa, cuelgo en el árbol todas las dificultades y las encargo al cielo. Y al día siguiente, al salir, las recojo. Lo chistoso es que —el plomero sonrió— cuando las busco por la mañana, no son ni remotamente tantas como recuerdo haber dejado la noche anterior."

Quejarnos se ha convertido en una epidemia

La queja es una energía contagiosa y crea una especie de *smog,* que contamina a todos, a tu familia, a tu entorno, a tu país. Lo curioso es que no nos damos cuenta de cuánto nos quejamos. Cuando estás dentro del frasco es difícil ver la etiqueta.

Nota cómo cuando te quejas del clima, de la seguridad, de tu cuerpo, del gobierno, de la gripa que tienes, de que el dinero ya no alcanza o lo que sea, lo único que logras es, además de ahuyentar a todos a tu alrededor, contraerte internamente, esto impide sentirte bien y fluir en la vida. Y ten por seguro que, cuando lo repites de manera cotidiana, por todas las razones que hemos visto, le abres la puerta a la enfermedad. ¿Vale la pena?

Si al menos sirviera para solucionar algo... pero todo lo contrario. Asimismo, recordemos que todo aquello en lo que pones tu atención, crece. Basta que te quejes de algo, para recibir más de ello. Es así que la queja significa enfocar tu atención y energía en las cosas que NO quieres, y relegar las que SÍ quieres que sucedan.

Si sólo comprendiéramos a fondo esta ley de vida. ¿Por qué no cambiar la perspectiva? ¿Por qué no ver una situación desde otra óptica y darnos cuenta de que al quejarnos avanzamos hacia el lado contrario de nuestros objetivos?

En lugar de quejarte, actúa

Actuar es la mejor forma de enfrentar algo que no te gusta, le temes o no estás de acuerdo. ¿Tienes temor de iniciar algo?

Actúa. ¿No te llena tu trabajo? Actúa. ¿No estás de acuerdo con el proceder de una persona? Actúa.

Vinimos a este mundo por casualidad. No se nos dio la opción de nacer, como tampoco se nos da la opción de morir. Lo único que sí tenemos es un período entre una cosa y la otra, y la capacidad de decidir cómo vivir, como diría Victor Frankl, es lo único que nadie nos puede quitar.

Tener la habilidad para monitorearte es lo más importante para entender que este mundo, de muchas maneras, es el resultado de lo que queremos que sea; pero esa conciencia también es la clave para transformarlo.

Una energía que no surge de lo físico

Piensa o imagina una ocasión en que te hayas quedado sin trabajo. Te aseguro que en las semanas siguientes no sentías ganas de salir de tu casa o incluso de levantarte, ¿cierto? Tu energía física se encuentra atorada. Pero si pasado un mes recibes una oferta para un trabajo mejor o con el que siempre has soñado, ¿cómo te sentirías?, ¿cuánta energía instantánea tendrías para levantarte de la cama, bañarte y arreglarte para ir a tu nuevo trabajo? Estarías tan lleno de ella que la gente a tu alrededor lo comentaría y aplaudiría.

En realidad, esa transformación no se debe al cambio de hábitos de sueño ni a la alimentación; entonces, ¿de dónde surge esa energía? Pues la buena noticia es que esa energía nítida y luminosa, distinta a la que obtienes del exterior, ha estado y estará disponible dentro de ti y de mí para utilizarse en el momento en que lo desees. De hecho, cuando tienes las reservas llenas, crees que te puedes comer el mundo entero, y en los momentos de plenitud y felicidad incluso percibes su oleaje. Emana de tal forma que te restaura, recarga y llena de salud.

La única razón por la que con frecuencia no la notas es que tú la bloqueas y oscureces. ¿Cómo? Al cerrar la mente, cerrar ese corazón energético del que hablamos al incio del libro y retraerte a un espacio limitado en tu interior.

Veamos: al encontrarte con una persona —ya sea un viejo amigo, una compañera de trabajo, un familiar o alguien desconocido— observa la sensación sutil que aparece en tu pecho, siempre hay una reacción. Si eres consciente la detectas de inmediato. Por ejemplo, puede ser que el pecho se abra cuando la persona te agrada o la quieres, y se contraiga al sentir su energía, juicio o rechazo. ¡Es automático!

Monitoréate, detente en un cuadro de la escena como si se tratara de una película, ¿cómo es esa leve sensación que pocos aprecian? ¿Qué me molesta, qué siento? ¿Qué sería lo conveniente hacer?

Cuando te cierras ante algo o alguien, te cierras no sólo a la persona o a la situación, sino a toda la fuente de energía que le da sentido a tu vida. Todos lo hemos vivido. Durante una mañana, tu corazón puede convertirse en un acordeón y en la tarde, sin saber por qué, te sientes cansado. No dejes al azar algo tan importante como tu energía.

La clave para una vida plena es mantenerte abierto, así de simple o así de complejo, para abastecerte de entusiasmo por la vida y de esa energía interna que, finalmente, es el amor. Adquirir esta habilidad requiere un entrenamiento como cualquier otra disciplina física o mental.

Otros temas...

Como podrás imaginar, querido lector, lectora, hay muchos otros temas que atoran la energía, pero a continuación sólo los menciono porque todos sabemos de qué se tratan:

- El vivir distraído, con la mente en el pasado o en el futuro.
- El aferrarnos a expectativas.
- El control.
- El resentimiento, la culpa.
- El apego.
- La prisa.
- Reprimir las emociones.
- Resistir el cambio.
- Pelear con la realidad y no aceptarla.
- Dirigir la atención a todo lo que está mal.
- La indiferencia.
- Adicción a la negatividad.
- Creer que ya sabemos todas las respuestas.
- Todas las emociones negativas.

Termino este apartado con una frase de Ghandi que me parece muy acertada: "No es que no me enoje, es que no permito que el enojo se apodere de mí."

LA ENERGÍA EN LA COMUNICACIÓN

"Deja que el silencio sea el arte que practiques."

RUMI

—

Escucha, escucha, escucha...

Al caminar por los pasillos de la antigua y gigantesca abadía de Melk, situada sobre un acantilado rocoso en Austria, escucho de repente una palabra cuyo significado desconozco... "Höre". Dicha palabra se repite de manera intermitente y sorpresiva: "Höre" "Höre" "Höre..."

La voz es masculina, pausada y grave; la imagino fantasmal, como si la recitara un espíritu que habita el monasterio de la orden que fundó San Benito de Nursia en el año 529. Cada "höre" penetra mi conciencia y me enchina el cuerpo.

¿Qué significa? Le pregunté a la guía. Entonces narró la historia de uno de los tesoros que contiene la abadía: su biblioteca. Dentro de esa biblioteca, que en efecto es una de las más hermosas que he conocido y que inspiró a Humberto Eco a escribir su famosa novela *El nombre de la rosa*, se encuentra la joya de la corona, que para los monjes benedictinos se trata de un pequeño libro, un manuscrito que San Benito realizó hace 900 años y que ha sido la piedra angular de la orden.

En dicho libro se encuentran las reglas necesarias para hacer de la oración, del trabajo y del aprendizaje (*Ora et La-*

bora et Lege) la base de la vida de la comunidad. La primera palabra con la que comienza el texto es "Ausculta", en latín que, traducido al alemán, es "Höre" y significa: escucha.

Me impresionó ver que además, la palabra "Höre", la vemos escrita con luz sobre las paredes del monasterio que se encuentran tenuemente iluminadas en color azul para representar la espiritualidad de dicha orden. El mensaje es muy claro.

Escucha, escucha, escucha. ¡Qué importante palabra y qué olvidada la tenemos hoy en día! En lo personal, no había reflexionado sobre el grado de impacto que ésta tiene en toda nuestra vida. Un término que no sólo es el cimiento de una orden centenaria y mundial, sino que, bien vista, es la llave de toda relación y del auto conocimiento.

Durante aquel recorrido como visitante, uno puede hacer un ejercicio de auto reflexión y darse cuenta de lo reprobado que saldría frente a dicho pedimento.

Podríamos aplicarla a nosotros, a la voz de nuestro corazón, al grito de nuestra pasión o al susurro de nuestra conciencia.

 Escuchar a la naturaleza, a tu pareja, a tu hijo, al otro, cada día se vuele más raro aunque, finalmente, es lo que nos da afiliación y sentido de pertenencia. Biológicamente lo necesitamos pero lo buscamos de manera ilusoria al adaptarnos a un estilo de vida acelerado y acompañado de una comunicación electrónica. La rapidez de la misma, que sin duda es muy útil, nos hace creer que estamos conectados. ¿Pero, en realidad lo estamos?

Capa a capa quitamos de la "interacción" la riqueza de los elementos indispensables: el tacto, la vista, la voz y la energía de una persona con los millones de bits de información que todo esto nos proporciona.

El silencio puede ser también una herramienta poderosa de comunicación en la que, sin necesidad de palabras, lo comprendes todo. Para abrirte, para compartir tus sueños o consultar tus inquietudes, todos necesitamos de la cercanía física de alguien a quien podamos mirar a los ojos y sentir su aceptación. Höre, höre, höre, deberíamos escuchar de las paredes de nuestras casas, de nuestros lugares de trabajo y de los cafés a los que acudimos con las amigas para recordar su importancia.

Dos corazones que laten como uno

¿Alguna vez te has sentido escuchado y comprendido por una persona, incluso más de lo que tú mismo a veces te comprendes o te escuchas? ¡Cuánto se agradece! Hay pocos regalos tan valiosos y generosos como éste. Una comunicación de esa naturaleza la llevas a cabo no de mente a mente, sino de corazón a corazón.

Lo más asombroso es que aquello que dice la canción de "dos corazones que laten como uno", no es sólo poesía, también dato científico.

Las palabras comunican sólo 7 por ciento del mensaje; el tono de voz, gestos, lenguaje corporal y el corazón, comunican 93 por ciento. La energía que emana de un corazón, como vimos, entra en contacto con la energía del otro antes que lo hagan las palabras, las máscaras o se dé el contacto físico. Es por eso que nos sentimos tan bien cuando estamos entre amigos que queremos. O tan incómodos cuando la situación es totalmente adversa y los sentimientos hostiles.

Si quieres comprobarlo, sólo observa lo que te ocurre en las distintas situaciones sociales y lo verás muy claro.

Coherencia, presencia y aprecio

A veces desde el cerebro no comprendemos los motivos que mueven a las personas a realizar algo, pero basta dirigirnos al corazón y lo comprendemos todo. No obstante, es imposible conectarnos con los otros si estamos desconectados de nosotros.

Recuerda, si quieres realmente comunicarte, influir y motivar a alguien, realiza un viaje de 30 cm. del cerebro al corazón. Desde ese lugar aplica las tres reglas que nunca fallan: Presencia, coherencia y aprecio.

Presencia.- Mantente presente de cuerpo y alma, eso se percibe de inmediato.

Coherencia.- Entra a un estado de coherencia, para que de esa manera le comuniques al otro tu paz interna y tu no juicio. Con sólo respirar de manera profunda y más lenta de lo normal, mientras te visualizas en un lugar feliz, entras en dicho estado.

Aprecio.- Mándale a la persona con quien platicas un aprecio genuino desde el corazón. Ten la seguridad de que el otro también lo percibe, lo cual le invita a abrirse más contigo.

Los seres humanos tenemos más cosas en común que diferencias, por eso es importante revisar qué energía pulsas y comprender de qué forma afecta el entorno.

Estar del otro lado

Se necesita estar del otro lado para entender.

El *bell boy* abre la puerta con una sonrisa y le da los buenos días a cada persona que entra. Observo esto mientras espero a mi esposo en el *lobby* de un hotel. Me llama la atención que la mayoría de las personas ignora por completo al joven; ensimismados en sus asuntos, cada cual se sigue de frente sin percatarse siquiera de su existencia. "Pobre, nadie le hace caso —pensé—. Ha de ser horrible estar en su lugar."

Recordé momentos en que he tratado a alguien así, como una no-persona, sin establecer una conexión humana. Me acordé con remordimiento de un policía que trabajó durante 20 años como vigilante de la calle en donde vivo. Un día me dijo: "Señora, me despido; ya me dan mi retiro." Siempre lo vi, lo saludé y nunca tuve la delicadeza de preguntarle su nombre. Qué vergüenza sentí. ¿Cuántas veces he tratado con alguien —un dependiente, una cajera— a señas, sin validarlo lo suficiente por seguir el chat en el celular? ¡Qué deshumanización! ¿En cuántas ocasiones no he llamado por teléfono o tenido un detalle con alguna amiga que pasa por una situación difícil? ¡Miles!

A nadie le gusta sentirse invisible y menos que te traten como a un objeto. Te debilita y te hace vulnerable. El tema es energético; de alguna manera, nuestra energía necesita alimentarse de la energía que los otros, con su mirada, con su escucha y su atención, nos dan. Te comparto un momento crítico en el que me di cuenta de esto...

Necesitamos la energía del otro

Si has tenido alguna cirugía, sabrás que en la vida hay pocos momentos en que te sientes tan vulnerable como en la antesala del quirófano, solo, con batita y gorra de tela desechable. Para ti es un momento crucial, para los demás eres un paciente más. Escuchas y observas al personal del hospital que indiferente va y viene metido en su labor mecánica y rutinaria. Observas cada detalle del techo para encontrar a qué asirte, distraer tu mente del temor y calmar tu cuerpo tembloroso. ¿Tiemblas por frío, nervios, las horas de ayuno acumuladas o por todo junto?

En uno de esos momentos en que te sientes no-persona, aprendí una gran lección: me percaté de cuánto agradeces en el alma encontrarte con la mirada, la empatía y la sensibilidad de alguien que te devuelve la certeza de que eres un ser humano. Me refiero a cosas sencillas, como una sonrisa, una mirada a los ojos, una palabra amable, un "va a sentir un poco de ardor", antes de que te inyecten alguna sustancia. ¡En verdad no tiene precio que alguien bajo un tapabocas te tome de la mano con cariño en el momento en que la anestesista te dice "ya la voy a dormir"!

"Le voy a dar mi globo mágico", me dijo Dorita, una hermosa enfermera, antes de entrar al quirófano. "Verá que con ese globo se le quita el frío y le encontramos la vena para la venoclisis. Su globo mágico consistía en un guante desechable relleno de agua caliente, que logró lo prometido. Al agradecerle me comentó: "Sé lo que es estar ahí. Yo he estado en su lugar. He tenido dos operaciones de mama por cáncer y ya tengo mis implantes." Me enteré que vive a dos horas del hospital, que a veces tiene que doblar turnos, que ella mantiene a su marido, quien tiene hidrocefalia y de vez en cuando trabaja de mensajero. Para mi fue un ángel. Con su energía me abrazó y me sentí acompañada.

Lo confirmo: se necesita estar del otro lado para entender el valor que tiene sentir la energía del otro, en los detalles de humanidad, de amistad, de compasión y de apoyo. Darlos, y no sólo recibirlos, es parte importante del aprendizaje.

Ojalá lo recordemos siempre.

LA ENERGÍA EN NUESTRO MAYOR RETO: LAS RELACIONES

"Aquello que falta en una relación,
es lo que tú no has dado."

UN CURSO DE MILAGROS

—

"¿Qué haces durante tus últimos ocho segundos de vida?"

¿Dónde te encontrabas el 11 de septiembre de 2001, lo recuerdas? Puedo asegurar que todos lo recordamos. Ese día nuestra historia como humanidad cambió.

En alguna ocasión tuve la oportunidad de estar en Nueva York y visitar el Museo Memorial del 11/9, donde conocí una historia que me tocó profundamente. Todo en el recinto está construido para ser un homenaje y crea hondas sensaciones. Por ejemplo, las fuentes son cuadradas, profundas y con dimensiones gigantes, sus cascadas desbordan hacia abajo y mirarlas agujera el corazón.

En el auditorio escuché la conferencia de Richard Piccioto, el bombero con más alto rango y el último en evacuar el World Trade Center —con sólo saber esto ya me había convencido de asistir—. Su historia es la de un verdadero héroe, ejemplo de liderazgo.

Piccioto narra que cada torre de 110 pisos de alto tenía 90 elevadores en el centro, pero sólo ¡tres escaleras de 90 cm de ancho! Eran las únicas salidas para evacuar a las 40 mil personas que albergaba el conjunto. Mientras él y su equipo de bomberos intentaban subir las escaleras, toda la gente se agolpaba para bajar, apanicada y herida. Me impresionó que el instinto de supervivencia, tanto de él como del resto de los bomberos, se volvió secundario frente a su vocación de salvar vidas.

Cabe mencionar que cada bombero carga con un equipo de 28 kilos de peso sobre sus espaldas, lo que dificulta aun más su labor.

"Nos encontrábamos en una de las escaleras entre los pisos 34 y 35 de la Torre Norte —narra Piccioto—, cuando de repente sentimos un temblor muy fuerte acompañado de un ruido ensordecedor que duró cerca de diez segundos: la Torre Sur se había colapsado. Cayó piso sobre piso, uno encima del otro; su colapso provocó un viento tan fuerte como el de un huracán y todo se tornó negro. Nadie contestaba por la radio. Supuse lo peor."

"Diez segundos después —continua—, volvimos a escuchar el mismo ruido ensordecedor y ese tremendo temblor, pero entonces provenía de la torre en la que nos encontrábamos, incendiada con miles de litros de combustible, imposible de contener. ¿Qué haces durante los ocho segundos que te quedan de vida? Toda mi existencia pasó frente a mí, pensé en mi esposa y en mis hijos. Recé todas las oraciones que me sabía. Lo que más pedía era: «Dios mío, por favor, que sea rápido.» No quería sufrir."

"Alrededor la oscuridad, el silencio y la quietud eran totales. Estaba en el suelo, no podía levantarme. Creo que morí. Las escaleras se desintegraron y caí al vacío."

"Me di cuenta de que podía sentir las piernas y los brazos. Sentí que no estaba solo. Llamé en voz alta y recibí respuestas de otros 12 compañeros y de una persona civil. Era como una cueva vertical. «No se muevan, estamos en una bolsa de aire que es como una casa de barajas, quédense donde están», les dije. "

"Las radios que teníamos eran viejas, nadie contestaba. Hasta que finalmente alguien me dijo: «No hay escalera norte, no hay torre B, no hay edificio, pero los encontraremos.» A mi memoria vino el caso de una familia que no pudimos salvar hacía un mes, cuando quedó atrapada en el sótano de un edificio de dos pisos. Ahora éramos nosotros quienes nos encontrábamos bajo 110 pisos de escombros. Sabía que sería imposible", concluye Piccioto.

¿Qué aprendí?

"Cinco horas después, el polvo se asentó y pude ver un poco de luz: me llené de esperanza. Renací."

"A pesar de la tragedia, al ver la ayuda, la entrega y el apoyo de todas las personas comprobé que nuestras diferencias como humanos son menores. También comprobé que tienes que poner prioridades en tu vida. Si bien todos queremos casas nuevas y coches nuevos, mientras tengas lo más importante: el cariño de familia y amigos, considérate muy rico."

"Hoy, después de haber suplicado a Dios que fuera rápido, agradezco que no me haya contestado."

Cuando la subida se aligera

Subir una montaña puede parecerte algo divertido o un castigo de la inquisición. Todo depende, por supuesto, de tu condición física, tu edad y la actitud que tengas frente al reto. Los expertos engloban esto dentro de los *recursos fisiológicos*. Hasta aquí, nada nuevo.

Sin embargo, ¿Sabías que subir una montaña en solitario es más difícil y cansado, pues se percibe más inclinada que si lo haces en compañía de algún ser querido? En estudios recientes, los investigadores Schnall, Harber, Stefanucci y Proffitt (2008) comprobaron que hay otro tipo de recursos que no se habían considerado y que impactan de manera significativa tu percepción de los retos, como es subir una montaña empinada, me refiero a los *recursos psicosociales*. Es decir que en la vida percibes la intensidad de las dificultades según la compañía que tengas.

No obstante, este efecto, que se comprueba en los estudios, cambia de acuerdo con la duración de la amistad, el cariño o el lazo de unión que exista; entre más estrecho sea el lazo, o mayor sea la duración de la amistad, menos intimidante es el desafío. De ahí lo bien que te sientes cuando estás entre amigos y familiares cercanos.

Estoy convencida de que la decisión más importante que tomamos es la elección de nuestra pareja, quien nos acompañará en el camino de la vida, en las buenas y en las malas; y estos estudios me lo confirman. Muchos comprobamos que, en momentos difíciles o de dolor, basta —y cuánto se agradece— la presencia de un ser querido para sentir un abrazo en el alma. Todo se aligera y se vuelve más llevadero.

Cuando se vuelve pesada

De manera paralela a lo anterior, está demostrado que la soledad tiene los efectos contrarios: reduce años de vida en un grado mayor que tener obesidad, diabetes, fumar y padecer de presión alta ¡todo junto! Con ello es evidente que el aspecto emocional se liga estrechamente con tu estado físico. Una vez más viene a mi mente la frase sabia que tantas veces escuché de Joaquín Vargas, mi padre: "Llórate pobre pero no te llores solo." La soledad vuelve todo más empinado y difícil. Incluso se sabe que un dolor físico se percibe menos intenso cuando tienes el apoyo de tus seres amados (Harber & Wenberg, 2003).

Me parece increíble que, en otro estudio realizado por los mismos científicos con un grupo de personas, se mostrara que con el solo hecho de pensar en algún amigo o familiar querido, la montaña se percibe menos inclinada que si se piensa en una persona neutra o en alguien que causa disgusto. Entonces no es una metáfora afirmar que la energía negativa pesa, es literal.

¿Qué se concluye?

a) La calidad de tus relaciones afecta la percepción del mundo. ¡Cultívalas!

b) En un momento de dificultad, el apoyo que sientas por parte de los amigos y familiares, impacta muy fuerte en tu percepción de los retos y cómo los evalúas, así lo vimos en la historia del bombero.

Además, los vínculos afectivos promueven la salud, ya que aligeran el estrés y con ello toda una serie de padecimientos, desde una gripe hasta algo más grave.

Por si fuera poco, tener buenas relaciones te llena de energía, disminuye la necesidad de recurrir a un psiquiatra, te hace dormir mejor, reír más, arrugarte menos y padecer menos trastornos gastrointestinales. Vale la pena fomentarlas, ¿no crees? Te invito a hacerlo.

Sacrificarse nunca resulta

"Con el tiempo me convertí en la mejor actriz. Socialmente aparentamos ser la pareja perfecta, sin embargo, la vida con mi esposo es una pesadilla. La verdad es que siempre lo ha sido. Desde el día de mi boda supe que había tomado una mala decisión, lo presentí. En la luna de miel descubrí su verdadero carácter, una manera de ser que mientras fuimos novios nunca mostró. Me comenzó a tratar muy mal, a menospreciarme, a hacerme sentir chiquita. ¡Cuánta razón le di entonces a las voces de mis papás que me habían aconsejado no casarme!

"Me embaracé de mi primera hija y las cosas parecieron mejorar, sin embargo, lo que sucedió fue que poco a poco me acostumbré al maltrato y me fui encogiendo. Tuvimos otros dos hijos. Con el tiempo me sentí una mártir, estaba convencida de que me sacrificaba por mis hijos, pero me convertí en la mejor actriz. Nunca tuve el valor de separarme de él. Veinticinco años de mi vida fui infeliz, hasta que su descaro y desamor fueron tan evidentes que mis hijos lo notaban y me aconsejaron separarme."

La historia de Lucía se repite una y otra vez de distintas maneras. Parejas que no son felices, pero permanecen juntos por sus hijos. Historias que, vistas a lo lejos, parecen nobles, pero que de cerca, energéticamente, son una película de terror.

Si alguna vez te has sacrificado o has vivido con alguien que todo el tiempo se sacrifica, sabrás lo doloroso y feo que es. Al principio parece funcionar, pero a la larga la mentira envenena. Todos pierden y nunca da buenos resultados. La ilusión de que las cosas se compondrán es pasajera y el costo es muy alto. Las caras pueden disimular, pero la energía que la desavenencia genera se percibe e impregna cada una de las paredes de la casa y sus habitantes. Y los niños son especialmente sensibles a ella. No hay manera de disimular.

Congruencia: la solución

Sacrificarse en ningún caso es la solución, ni para salvar un matrimonio ni para sacar adelante una empresa, tampoco para lograr el éxito personal. El sacrificio siempre pasa la factura, principalmente a tu salud.

Sacrificarte, lejos de hacer bien, es sólo un falso intercambio. Entre más lo haces y más crees dar, más sientes que es tu derecho recibir y merecer. Como eso seguramente no sucede, pues es una creencia que sólo se encuentra en nuestra cabecita —los otros ni se enteran—, el resentimiento y las facturas por cobrar crecen cada minuto. ¿A costa de quién? De ti y de mí, de la calidad de vida y de vivir encerrados en una prisión autogenerada.

En el fondo, el sacrificio también es una energía de miedo. Cada vez que te sacrificas por algo o alguien conviene observar: ¿A qué le temes? ¿A quedarte solo, a no poder, a ser rechazado o a fracasar?

Finalmente, el sacrificio, aunque no lo creas, también es una forma de control. Lo podemos utilizar para controlar las relaciones, para aferrarnos a un pasado o a una imagen falsa de nosotros, para evitar quedarnos solos o hasta para eludir la intimidad.

Una de las excusas más frecuentes que escuchamos es: "Lo hago por amor", no te engañes, el sacrificio de ninguna manera y bajo ninguna óptica puede ser amor; en realidad es, perdón que lo diga de forma tan cruda, egoísmo. Soterradamente siempre hay una exigencia de que el otro, o los otros, también se sacrifiquen. El amor entonces se vuelve un deber, un trueque. Y el infierno en vida se convierte en una realidad. ¿Vale la pena?

Hay que encontrar el valor para ser congruentes. No hay otra salida.

Hay amores que matan...

Las anécdotas de otros con frecuencia nos sirven para extraer algún aprendizaje, además nos hacen ver la luz de alerta en caso de reconocernos en algo.

Antes de juzgar el caso que te voy a presentar considera si vives lo mismo, aunque sea en menor grado, sin ser consciente del todo.

Claudia se preocupa constantemente por sus hijos. En su día a día sólo piensa en dónde andan y qué hacen, por lo que recurrentemente los localiza por *chat* para preguntarles. Investiga quiénes son sus amigos para ver si les convienen o no y se angustia si tienen gripa, cuando salen de fin de semana o de vacaciones, incluso les pide que se abriguen si hace un poco de frío.

Esa energía de preocupación o "sobre-cuidado" la emana siempre que habla o recuerda a sus hijos. Estar con ella es aburrido porque significa escucharla hablar sólo de ellos. Sus amigos ya la evitan.

Cualquiera que sea padre puede entender su actitud. Lo que hace especial el caso de Claudia es que sus hijos tienen ¡36 y 38 años de edad! Claro que ella vive llena de achaques como resultado de ese "sobre-cuidado" y de padecer estrés constante; lo curioso es que no relaciona una cosa con la otra. Cuando sus hijos se fueron de casa cayó en depresión durante un periodo de seis meses. Su sentido de vida se había ido con ellos. Sin embargo, la manera de sentirse útil, según ella, es mediante una preocupación que en su vocabulario significa amor. Además, en este cuidado obsesivo encontró —o creyó encontrar— su valía personal. ¿Conoces a alguien así?

El cariño es como un abrazo

Todos tenemos seres queridos por los que nos preocupamos, y a los que deseamos bien: un hijo, una pareja, una madre, un amigo. Sin embargo, hay una línea muy delgada entre ocuparnos con cariño inteligente y sobre-ocuparnos. Con frecuencia es difícil distinguir una cosa de la otra. Es posible compararlo con un abrazo: al envolverte con la presión adecuada te consuela, reconforta y conecta. Pero se vuelve amenazante si te aprieta al punto de la asfixia ¿cierto?

A este tipo de cariño "que mata" Doc Childre, le llama *sobre-cariño*, un mal en el que involuntariamente cualquiera puede caer, ya sea con la pareja, los padres (cuando ya están grandes) o los hijos, incluso con un amigo o amiga.

Este tipo de *sobre-cariño,* en cualquier grado, es uno de esos aspectos que se convierten en un punto ciego difícil de notar. Si bien ese carácter preocupón está inscrito en el ADN de nuestra educación judeocristiana, tendríamos que despertar al hecho de que ser una madre o un padre preocupado *no* significa ser un "buen padre" o una "buena madre".

Habría que considerar que ese sentimiento de ansiedad constante, nace del amor honesto y puro que toda mamá o papá le tiene a sus hijos. Es por eso que la sociedad lo acepta, lo nutre, lo refuerza y no lo ve como una patología.

Lo irónico del caso de Claudia es que los hijos, por supuesto, también la evitan en lo posible; lo que convierte su peor pesadilla en realidad. Es obvio que ella tiene la mejor de las intenciones. Cuidar de las personas que amas está en tu naturaleza, todos lo hacemos y es lo que le da sentido a nuestras vidas.

No obstante, existe esa línea muy fina, apenas perceptible, que divide el cariño y el sobre-cariño y que no sólo tiene lugar con los hijos sino en otras áreas de la vida: en el trabajo, en un proyecto que necesitas terminar a tiempo, en el arreglo personal, en la importancia que le das a la opinión de los demás.

¿Cómo saber la diferencia?

Revisa cómo te sientes. El cuerpo se drena de energía. Y desde la perspectiva del corazón es muy fácil: simplemente no se siente bien. Cuando el cariño y el cuidado por el otro pesa, te provoca fricciones, expectativas poco realistas, apego emocional, comparaciones y, además, experimentas frustración, enojo, impaciencia, tristeza o preocupación, estás cruzando esa fina línea entre lo sano y lo tóxico.

Los síntomas de caer en el sobre-cariño son los siguientes: no delegar nada, buscar o exigir perfección en los demás, auto justificarse y querer controlar todo y, lo más importante, no sentirnos bien por ello.

En cambio, los síntomas de un cariño balanceado son ser flexible, soltar, respetar, sentir conexión y seguridad con el otro, lo cual te brinda satisfacción. Te llenas de energía, así de simple.

Hay otra área de las relaciones que, después de la de los hijos, es la segunda más popular: la pareja. ¡Claro! Porque una vez más la preocupación nace del amor que tenemos.

Otro tema recurrente es el de la salud. Cuando uno de los dos es más consciente de sus hábitos para cuidar la salud, puede empezar a colocar la lupa en el comportamiento de su compañero o compañera. Por ejemplo, si hace ejercicio o no, el tipo de dieta que lleva, el consumo de alcohol: si ya tomó más de tres cervezas, si va a repetir la dosis del pastel de chocolate, en fin... la mirada se enfoca en lo que consume o deja de consumir su pareja. Sobra mencionar lo "drenante" de energía que esto puede llegar a ser en lo cotidiano.

Toda persona que viva preocupado en extremo por alguien o lo haya cuidado con sobre cariño y atención por largo tiempo, sabe que se asemeja a correr un coche sin aceite. La tolerancia y la capacidad para manejar los pequeños retos cotidianos disminuyen de manera radical.

La vida es individual

Sí y cada cual es responsable de la propia.

El trabajo personal es clave, en especial el que te ayuda a contactar tu interior. Puedes practicar la meditación, la "Respiración de corazón", yoga o cualquier cosa que te lleve a tu centro para revisar qué debes cambiar antes de pedirle al otro que lo haga. Una cosa es acompañar y otra cosa es cargar.

Ten en cuenta que la vida es como el sol: no cambiará su curso. Si deseas ver atardeceres o amaneceres hermosos en tus relaciones, el que tiene que moverse eres tú. La vida seguirá siendo la vida y diversas situaciones te seguirán poniendo a prueba. Porque es cierto lo que dice la canción: "Hay amores que matan...", procuremos no ser uno de ellos.

DETENTE, RESPIRA Y AGRADECE

"No sólo vivimos entre las estrellas,
también las estrellas viven dentro de nosotros."

NEIL DE GRASSE TYSON

—

Todos tenemos algo en común, algo en lo que coincidimos: deseamos ser felices. Lo curioso es que hay personas que tienen todo para ser felices y no lo son, mientras otras no tan afortunadas sí lo son. La diferencia es la energía. Sí, la más elevada de todas las energías que beneficia cada una de las células, órganos, sistemas del cuerpo, la mente, el espíritu y el ser: la gratitud.

Me gusta mucho la costumbre de nuestros vecinos del norte de celebrar el Día de gracias —con origen en la celebración de las buenas cosechas—. Me parece un hábito que nos convendría adoptar o experimentar, pero no sólo un fin de semana sino el año completo.

Más allá de los beneficios que la gratitud nos brinda en términos mentales y físicos, como en la salud, el bienestar y la calidad en nuestras relaciones, agradecer es una obligación. Pero hoy quiero invitarte a ir más allá de la gratitud y practicar el aprecio, te garantizo que tú y quienes te rodean serán más felices.

Recuerdo que en una ocasión Mateo, mi nieto, entonces de dos años, me trajo una piedrita del jardín y la puso en mi mano. "Gracias, Mateo", le contesté con una gran sonrisa.

Acto seguido, Mateo regresó emocionado, moviendo su traserito de un lado a otro, a recolectar dos piedritas del jardín para colocarlas en mi mano una vez más, lo que volví a agradecer. La acción la repitió varias veces, su motivación era ver mi cara de felicidad y la satisfacción de escuchar la palabra "gracias".

Pienso que el Universo reacciona de la misma forma que un niño de dos años. Entre más le agradeces, más y con más gusto te regala a manos llenas. El asunto es darnos cuenta de los miles de regalos que la vida nos hace a diario, ya sea con la naturaleza, las coincidencias, la belleza, el arte, el abrazo, la palabra, etcétera... Los presentes siempre están ahí para abrirlos con la mirada de la conciencia.

Detente, respira y agradece. Ponle una lupa a tu vida y haz que la palabra "gracias" sea lo primero que aparezca en tu mente al despertar. Abre los ojos a apreciar lo que ya es tuyo, lo que ya tienes. Di "gracias" a todo, a Dios, a tus padres, a tus hijos, al agua de la regadera en la mañana, a tu cama, a los alimentos sobre la mesa, a una copa de vino, a la música, al aire que respiras, a tu cuerpo y a cada una de sus partes por hacer tan maravillosamente bien sus funciones.

Sobre todo, agradece por lo que ya hay, por lo que tu cuerpo te da, por lo que no te duele y por lo que te permite hacer. Haz de la palabra "gracias" un mantra. Agradecer, todo lo engrandece, te trae al presente, por lo que realza cualquier experiencia. Recuerda: Los presentes siempre están ahí para abrirlos con la mirada de la conciencia.

¿Agradecer o apreciar?

Hay diferencias. Puedo agradecer tener comida en la mesa, pero puedo ir más allá al apreciar su belleza, fragancia, sabor, lo nutritiva que es, o bien, el esfuerzo que hubo detrás de su preparación para que yo la disfrutara. Apreciar es algo más sutil, más detallado, es reconocer la calidad, el valor, la magnitud de las personas o de las cosas que agradecemos.

Cuando el aprecio lo dirigimos a las personas, significa reconocer lo que me hacen sentir cuando estoy con ellas, quizá más confianza, más inteligencia, más inspiración, mayor energía y demás. ¿Quién no se sentiría motivado con esto? Así que agradece y aprecia.

Agradecer y apreciar incondicionalmente eleva tu frecuencia vibratoria como pocas cosas, te abre el corazón a ver lo que en realidad importa y todos finalmente anhelamos: paz, abundancia, felicidad y plenitud.

La vida ama a una persona agradecida, tatúalo en tu mente para siempre. No permitas que las prisas, las obligaciones o la agenda, logren pasar por alto los momentos para agradecer.

Un círculo virtuoso

Además, agradecer crea una energía que sana, mejora el semblante y la calidad de vida. El solo acto de pensar en aquello por lo que estás agradecido, hace que te enfoques en las cosas positivas de tu vida, lo que es suficiente para producir serotonina y dopamina, al igual que lo hacen algunos de los antidepresivos más populares, pero sin sus efectos nocivos colaterales.

Por si fuera poco, agradecer mejora tu calidad de sueño. El sueño reduce el dolor. La reducción del dolor repara tu humor. A mejor humor, menores niveles de ansiedad, lo que a su vez mejora tu enfoque y claridad mental. A mayor claridad mental, mayor creatividad, menores niveles de estrés y aumento de tu nivel de satisfacción, sin duda, motivos para sentirte más contento. Esto hace que tengas más razones para agradecer, lo que hace más probable que te animes a socializar más y a hacer ejercicio. Esto sin duda te hace más feliz. ¿Te das cuenta?

Todo es cuestión de echar a andar el círculo virtuoso que, además, provoca un efecto dominó que beneficia a todos; sus ondas se expanden y contagian a tu pareja, a tu familia y a las personas que te rodean, luego al mundo en general y, finalmente, al Universo. Al sumar, la energía se multiplica.

Además, agradecer es una forma de retribuir a la vida y un camino espiritual de transformación.

La próxima vez que te reúnas con tu familia o con tus amigos, ¿por qué no darle a cada quien el mejor regalo que se puede dar: decirle algo en específico que hace bien, lo que amas de ella o de él, o alguna cualidad que admiras? Si lo haces frente a otros será aún más efectivo. Recuerda que el hombre por hambre mata y por reconocimiento muere.

Ten por seguro que tu relación con esa persona se fortalecerá y al mismo tiempo te sentirás muy bien.

Lo dicho, entre más agradeces, más feliz te sientes. Así que, detente, respira y agradece... Aún en las situaciones adversas, siempre, siempre hay algo por lo cual agradecer; es cuestión de tener el enfoque adecuado. ¿Cuánto tiempo te toma? Dos segundos.

Puntos a recordar: emociones

1. Recuerda que el mundo cambia de acuerdo a cómo te sientes.
2. Cuando tu corazón está en un estado de coherencia, más de 1000 cosas buenas suceden en tus sistemas.
3. Cuando la mente secuestra tu energía emocional, gobierna tu vida.

4. Puedes elevarte por encima de la tragedia y del drama; puedes crear instantes de paraíso a propósito y a voluntad. Sólo se requiere abrir el corazón.

5. Expresa tus emociones. Sácalas a la luz, recuerda que un cuerpo en armonía, no tiene por qué enfermarse.

6. Basta sostener un pensamiento y una emoción durante 16 segundos para que en tu cuerpo se desencadene toda una cascada bioquímica y hormonal que te dará beneficios o problemas.

7. Procura nombrar con más detalle lo que sientes, la emoción se dimensiona y el cerebro proporciona las herramientas para tener una respuesta más flexible y útil. Además, mejora tu inteligencia emocional.

8. Los primeros pensamientos del día marcan la energía con la cual vivirás la jornada entera.

9. Cuando te enojes, haz una pausa para encontrar el punto neutral dentro de ti, tener claridad mental y detener los efectos nocivos del cortisol.

10. La gente no te hace cosas, hace cosas y tú decides si te afectan o no.

11. No te quejes. Además de que terminarás solo, avanzas hacia el lado opuesto de lo que sí quieres que suceda.

12. La calidad de tu vida emocional depende de las conversaciones incómodas que estés dispuesto a tener.

13. Con tu escucha, tu mirada y tu atención mandas tu energía, que sirve de alimento al otro.

14. Cuando tienes claras las prioridades de tu vida y éstas son la familia y los amigos, te puedes considerar una persona rica.

15. Sacrificarte por algo nunca funciona; tarde o temprano pasa la factura, principalmente a tu salud.

16. La vida es individual; una cosa es acompañar y otra es cargar.

17. Detente, respira y agradece. ¿Cuánto tiempo te toma? Dos segundos.

EPÍLOGO
La pluma iluminada

Para terminar este libro te comparto un hermoso cuento muy antiguo, una de las joyas de la literatura universal que fue escrito en el siglo XI en forma de poema, por uno de los maestros sufíes persas más sabios, Farid al-Din Attar. En él se describe el viaje de las aves —almas— que decidieron aventurarse en busca de la Verdad, a pesar de todo lo que dejaban atrás. Lo anterior con la esperanza de que una criatura soberana iluminara su mundo de nuevo.

En la "Conferencia de los pájaros" una parvada de mil aves captó un atisbo de la perfección: una pluma iluminada. "¿A quién pertenecerá esta hermosura?", se preguntaron. Alguien comentó que tal vez era del ave suprema, El gran Simurg, *el alma de las almas.* Su belleza inspiró a las mil aves a emprender un largo y arduo viaje.

"Nos vemos a su regreso, si es que regresan...", sentenció la abubilla —una hermosa ave de pico largo—, a los pájaros que decidieron ir en busca de El gran Simurg para pedirle que fuera su líder. "Esta ave soberana —contó la abubilla— habita en la montaña Kaf, en cuyo centro, sobre la copa del árbol más grande encontrarán el nido de El gran Simurg", el cual en el misticismo sufí es una metáfora de Dios. "En dicha tarea —siguió la abubilla— tendrán que participar representantes de todas las especies del mundo. Sólo que ya lo saben: quienes han ido antes en su búsqueda no han regresado."

Los siete valles

Los pájaros que tuvieron el valor de lanzarse a la aventura, no contaban con que encontrarían retos y obstáculos muy difíciles de vencer al atravesar los siete valles. Muchas, muchas aves desertaron ante las dificultades del camino; de los miles que eran, sólo 30 persistieron, insistieron, sufrieron, lucharon, hasta que por fin llegaron a la cima de la montaña Kaf, tal como les había advertido la abubilla —el pájaro filósofo—. Ahí divisaron sobre el árbol más grande el nido de El gran Simurg. Se acercaron y tocaron una y mil veces la puerta sin éxito alguno. Gracias a su persistencia, por fin las invitaron a entrar; aunque estaban apenadas por su estado verdaderamente deplorable, luego de la travesía.

Cuando se encontraron con El gran Simurg los deslumbró su belleza, a su vez, los embelleció con un espléndido plumaje, tan hermoso como el suyo. Entonces, los héroes salieron acicalados y maravillados por su sabiduría; pero al intercambiar sus impresiones se percataron de que cada quien había escuchado un discurso totalmente diferente. ¿Cómo?

Con ello se les reveló que cada una de las aves había escuchado lo que necesitaba para encontrarse y dar respuesta a sus propias inquietudes. La belleza de este cuento es la metáfora del viaje del héroe, del viaje interior, que es personal y cada uno tiene sus propios valles que atravesar.

Las 30 aves se dieron cuenta de que su perseverancia, sacrificio y fe en el camino eran en sí la pluma iluminada que vive escondida dentro de cada uno de ellos, y se les reveló en la determinación por buscar la verdad y lo divino.

Como su piar cambió debido a la experiencia y su plumaje se volvió más hermoso del que tenían antes de partir, a su regreso nadie en sus poblados, ni sus familias y amigos los reconocieron, tampoco los comprendieron. Los 30 héroes regresaron al mundo ordinario con el tesoro de la transformación. Dedicaron su vida a servir, a guiar y a dar, por lo que transmitieron su secreto y conocimiento a un bien mayor, al hombre.

El destino no es casualidad, es una decisión

La enseñanza fundamental de este cuento es la misma que por siglos la visión mística de distintas culturas nos ha tratado de enseñar: aquello que iluminará de nuevo el mundo está en el corazón. El destino no es una casualidad, es una decisión; no está predeterminado, tú eliges cómo vivir tu vida. Los siete valles son tus grandes retos, representan las sombras, los dragones internos contra los que todos tenemos que luchar. Con sólo nombrarlos, es ya un gran paso para retomar el poder.

Al final de la historia se revela un acertijo: el número 30 representa un ciclo completo, los días en un mes durante los cuales la luna viaja de la oscuridad a la luz creciente y de ella a la luna llena, completa y plena, símbolo de la madurez total: el viaje del héroe. El punto medular es que se complete el ciclo de ver, buscar, caer, morir, renacer para dar paso a una nueva visión.

Desprenderse, volar lejos, lanzarse a la aventura para encontrarse en la distancia, aunque en realidad debemos buscar en nuestro interior.

El gran secreto, la pluma iluminada, vive dentro de ti y de mí, esa es la energía que finalmente... es tu poder.

Energía: Tu poder de Gaby Vargas
se terminó de imprimir en septiembre de 2021
en los talleres de
Litográfica Ingramex, S.A. de C.V.
Centeno 162-1, Col. Granjas Esmeralda, C.P. 09810,
Ciudad de México.